Antropologia da Educação

Conselho Acadêmico
Ataliba Teixeira de Castilho
Carlos Eduardo Lins da Silva
Carlos Fico
Jaime Cordeiro
José Luiz Fiorin
Magda Soares
Tania Regina de Luca

Proibida a reprodução total ou parcial em qualquer mídia
sem a autorização escrita da editora.
Os infratores estão sujeitos às penas da lei.

Consulte nosso catálogo completo e últimos lançamentos em **www.editoracontexto.com.br**.

Franz Boas

Antropologia da Educação

Tradução | José Carlos Pereira

Copyright © da edição brasileira:
Editora Contexto (Editora Pinsky Ltda.)

Foto de capa
Anônimo, c. 1915

Montagem de capa e diagramação
Gustavo S. Vilas Boas

Preparação de textos
Lilian Aquino

Revisão
Mariana Carvalho Teixeira

Dados Internacionais de Catalogação na Publicação (CIP)

Boas, Franz, 1858-1942
Antropologia da Educação / Franz Boas;
tradução de José Carlos Pereira. – São Paulo :
Contexto, 2022.
128 p.

Bibliografia
ISBN 978-65-5541-204-8

1. Antropologia educacional
I. Título II. Pereira, José Carlos

22-4368   CDD 370.193

Angélica Ilacqua – Bibliotecária – CRB-8/7057

Índice para catálogo sistemático:
1. Antropologia educacional

2022

Editora Contexto
Diretor editorial: *Jaime Pinsky*

Rua Dr. José Elias, 520 – Alto da Lapa
05083-030 – São Paulo – SP
PABX: (11) 3832 5838
contexto@editoracontexto.com.br
www.editoracontexto.com.br

Sumário

APRESENTAÇÃO 7

A ATITUDE MENTAL DAS CLASSES INSTRUÍDAS. 19

AVANÇOS NOS MÉTODOS DE ENSINO. 29

LIBERDADE INTELECTUAL 37

LIBERDADE DE PENSAMENTO 41

LIBERDADE ACADÊMICA. 49

LIBERDADE PARA A ESCOLA. 53

LIBERDADE NO ENSINO. 57

A UNIVERSIDADE: LIBERDADE PARA ENSINAR. 63

EDUCAÇÃO (I) 69

EDUCAÇÃO (II) 97

EDUCAÇÃO (III). 101

UNIVERSIDADE PÚBLICA. 107

O PAPEL DO CIENTISTA
NA SOCIEDADE DEMOCRÁTICA. 115

Bibliografia 123

O autor 125

O tradutor. 127

Apresentação

Esta obra é necessária para a educação em todos os tempos. Conhecer a Antropologia da Educação é imprescindível para compreender os processos educacionais e suas instituições, e é isso que Franz Boas faz neste livro quando aborda temas como o comportamento mental das classes instruídas em relação às menos instruídas, a liberdade das instituições de ensino e a liberdade no ensino propriamente dito. Nestes tempos em que presenciamos explicitamente em diversas partes do mundo, inclusive em nosso país, o cerceamento de professores e de instituições de ensino, conhecer uma obra como esta faz toda a diferença em nossas mentes, sobretudo quando se trata da defesa da liberdade das escolas e universidades para o avanço intelectual da humanidade. Este livro traz alguns dos textos mais relevantes em educação produzido pelo "pai" da Antropologia americana moderna, Franz Boas, enfocando a importância da liberdade de expressão no processo educacional.

Desse modo, ter reunidos num único volume textos sobre a Antropologia da Educação de Franz Boas é um resgate do próprio desenvolvimento da Antropologia Cultural, do pensamento humano e, particularmente, dos rumos que a Antropologia americana tomou neste continente nas suas mais diversas contribuições. Em vista disso, a título de apresentação, pontuo alguns elementos importantes do aporte que o pensamento de Boas deixou para o campo da Educação, como, por exemplo, a melhor compreensão da *mente do ser humano primitivo*, que dá nome a uma de suas mais importantes obras (Boas, 2011). Na referida obra, publicada pela primeira vez em 1911, Boas afirma que não há nenhuma diferença fundamental na maneira de pensar do ser humano primitivo e do civilizado e que a estreita ligação entre raça e personalidade nunca foi caracterizada, o que contribuiu para a compreensão do pensamento hoje, bem como das práticas de ensino e aprendizagem que são empregadas nas diversas sociedades. Sobre isso também Boas vai tratar em obras e artigos posteriores, alguns deles reunidos neste livro.

Em *A mente do ser humano primitivo*, o autor dava início ao estudo da importância do período histórico, do espaço social e do meio ambiente para o desenvolvimento intelectual do ser humano. Além disso, refutava os fundamentos deterministas empregados no estudo da cultura humana e nos processos educacionais que acabavam por classificar preconceituosamente a capacidade de aprendizagem de determinadas pessoas de acordo com sua etnia ou origem geográfica.

Contrapondo o determinismo cultural, o pensamento de Franz Boas dá destaque para o relativismo cultural. Nesse sentido, chama atenção para o dado da herança que o indivíduo recebe em sua vida e que o caracteriza de acordo com o grupo em que ele vive, ajudando, assim, a formar a sua personalidade e seu processo de aprendizagem, que varia de acordo com diversos fatores, sobretudo o do ambiente onde a pessoa cresce e as "heranças" que ela recebe, mas que isso não a torna inferior a outra. Boas refere a dois tipos de herança: a biológica e a herança cultural. Elas contribuem para o desenvolvimento educacional do indivíduo. A herança biológica é aquela que se recebe dos pais, que corresponde à cor da pele, aos traços físicos ou genéticos dos grupos humanos a que se pertence. A herança cultural é transmitida por hábitos e costumes do grupo social em que se vive, ou seja, do meio ambiente. É, portanto, o meio contribuindo para a determinação de certos comportamentos e pensamentos do indivíduo, mas não determinando as suas características físicas, pois essas, como vimos, são determinadas pela herança biológica. Dessa maneira, uma criança indígena ou negra, quando adotada por uma família branca e criada num outro meio que não é o de seu grupo de origem, vai desenvolver os costumes, gostos e demais manifestações culturais conforme o meio em que foi ou está sendo criada, porém manterá os traços físicos dos seus progenitores. Ao receber a mesma educação, e ter as mesmas oportunidades de estudo de uma criança branca, ela concorrerá com essas em iguais condições, porém as de seu grupo biológico terão dificuldades de acompanhá-la, pois não tiveram a mesma formação ou educação para essas situações porque estão noutro meio.

De certa forma, a educação é para Franz Boas uma espécie de "adestramento" que molda o indivíduo para desempenhar funções e reagir conforme foi educado. Por exemplo, uma criança indígena criada num grande centro urbano por uma família branca, cercada de facilidades e de avanços tecnológicos, quando adulta dificilmente desenvolverá habilidades com arco e flecha, com a caça e a pesca e demais costumes daquelas que permaneceram na sua tribo de origem. Ela terá outras habilidades que seus pares étnicos não tiveram oportunidade de adquirir, como a facilidade com equipamento tecnológico, entre outras. O que não quer dizer que uma seja superior ou inferior à outra, mas que são culturalmente distintas e que foram educadas distintamente, tornando-se, assim, desiguais enquanto conhecimento, mas semelhantes enquanto potência mental. Por essa razão, Boas afirma que não há diferença fundamental entre a maneira de pensar de um primitivo e de um civilizado, há diferença apenas na forma como as pessoas são educadas. Desse modo, o que muda são apenas os conceitos e não a essência do ser humano, seja ele de tribos da Austrália, da África, da América, dos esquimós do Alasca ou dos povos europeus e americanos que habitam as grandes cidades.

Com essa maneira de ver o ser humano, Boas possibilitou a reflexão de questões que ainda hoje são discutidas em nossa sociedade, como, por exemplo, a da igualdade racial (temos até um Ministério no governo para tratar dessa questão); o sistema de cotas e outras questões educacionais, como o sistema de ensino nos seus diversos níveis, com métodos igualmente discutíveis; o próprio conceito de "escolaridade", entendida comumente como sinônimo de cultura. Boas, com uma visão compromissada e progressista da ciência antropológica, ajudou a enfrentar questões como essas e denunciou, com seus argumentos, interpretações distorcidas que ainda hoje insistem em se apresentar como corretas ou ideais.

Um dos legados de Boas para a Antropologia – e demais ciências humanas que utilizam pesquisa de campo e ensino – é o seu método, algo tão valioso no campo da educação. Ele é considerado um antropólogo de campo e nesse quesito tem ainda hoje muito a ensinar. Boas observava detalhes, como, por exemplo, a matéria e a forma como as casas eram constituídas, a disposição desses materiais e como eles eram empregados. Isso servia também para a arte, a educação e outros ofícios. Tudo era objeto de meticulosa observação e descrição, e ele procurava fazer isso com a maior fidelidade possível. Boas sabia que nos detalhes estavam ocultas as respostas para grandes questões. Esse procedimento metódico, ou metodológico, talvez se deva à sua formação em outras áreas, como a Geografia e a Física. As ciências exatas o ajudaram a coletar e a organizar de forma lógica os materiais de sua pesquisa de campo, a traçar dados estatísticos no processo de desenvolvimento e aprendizagem; a Geografia o ajudou a mapear os povos e áreas de pesquisas e a conhecer os diferentes ambientes e como esses influenciam o desenvolvimento e a aprendizagem das pessoas. Com isso, Boas mostrou a importância da religação dos saberes para se obter melhores resultados nas pesquisas.

O rigor da descrição etnográfica foi, portanto, outra contribuição de Boas que ainda hoje precisa ser aplicada para se obter resultados satisfatórios em diversas pesquisas, inclusive quando se trata de educação ou processos de aprendizagem. No campo do estudo do desenvolvimento humano, Boas contribuiu com a ideia da existência de diferentes tipos de desenvolvimentos históricos, e que esses são resultantes de distintos processos, nos quais intervêm inúmeros fatores e acontecimentos, dentre eles, fatores culturais. Enfim, apontou novas maneiras de compreender a relação do ser humano com o seu meio (cultura e sociedade), abrindo caminho para a moderna antropologia.

Em carta de 29 de abril de 1905 (Boas, 2004) a Morris K. Jesup, presidente do Museu Americano de História Natural, Franz Boas traz uma contribuição à Antropologia da Educação ao tratar sobre as funções educativas dos museus antropológicos. Afirma ele: "Assim como nosso sistema escolar requer escolas secundárias e universidades – além das escolas primárias –, um grande museu deveria cumprir a função objetiva de uma escola primária para o público em geral, sem deixar de servir àqueles que procuram uma educação mais elevada e de ajudar a treinar o professor" (Boas, 2004: 401). Depois coloca passo a passo como ele deve ser organizado, de modo que facilite a pesquisa e a aprendizagem. Faz um alerta importante, de modo que os museus não sejam apenas uma exposição para "divertir" as massas, mas que tenham a finalidade e utilidade para os fins da educação em seus diversos níveis. Outro texto de Boas relacionado à educação, intitulado "Liberdade para ensinar", traz uma relevante contribuição para entender as consequências das interferências externas no ensino. Afirma Boas nesse artigo: "o ensino e a pesquisa devem ser livres de interferência externa, e de que a liberdade pessoal dos integrantes do corpo docente não deve ser restringida pelo conselho diretor" (Boas, 1945: 402). Porém, alerta para outras problemáticas além dessa que podem prejudicar o ensino, dizendo: "os conselhos diretores não são os únicos inimigos potenciais da liberdade do professor" (Boas, 1945: 403), há muitos outros aos quais se deve estar atento. Nesse artigo, Boas defende a ideia da integração da Universidade com a Comunidade, de modo que ela abra mão do seu isolamento.

Tentativas semelhantes a que Boas propõe são encontradas em algumas regiões do Brasil, como, por exemplo, o projeto Escola da Família, do governo do estado de São Paulo, criado em 2003. O objetivo desse projeto era proporcionar a abertura de escolas da rede estadual de ensino aos finais de semana para as famílias dos alunos, com o intuito de trazer para o ambiente da escola o ambiente familiar, desenvolvendo a cultura da família. Outros estados também tiveram iniciativas parecidas, mas nem todas vingaram, embora a ideia fosse boa. São iniciativas tímidas, mas que estão de certa forma no caminho proposto por Franz Boas, de uma escola que possa interagir com a comunidade e com os saberes do ambiente onde a criança vive.

Veremos nos textos aqui reunidos que Franz Boas destaca também a necessidade da liberdade não apenas para o ensino, mas também para a aprendizagem. O autor mostra que as "grades" curriculares cerceiam a liberdade da aprendizagem, apresentando ao estudante uma espécie de "forma", previamente determinada, pela qual ele deve passar para sair "formado". Afirma que essa tradição da escola – quando a linha de estudo é cercada por inúmeras regras e regulações – ainda controla a universidade. E lembra que os estudantes do ensino superior, durante os dois últimos anos de estudos, anseiam pela liberdade de estudar o que desejam e não apenas aquilo que prescrevem os professores que acreditam saber mais. Com tais afirmações acerca da educação, recordamos nosso sistema de ensino, público e privado, mas principalmente os níveis fundamental e médio, que deveriam preparar o aluno para a universidade e para a vida, mas que, na verdade, na maioria dos casos, apenas lhes concede um certificado que não o capacita nem o qualifica para aquilo que propõe a universidade, e nem para uma profissão. Boas lembra ainda que o diploma universitário deveria expressar o domínio de um método de investigação que pressupõe o conhecimento dos fatos básicos, não conforme as necessidades de uma profissão, mas conforme as necessidades da pesquisa.

De acordo com essa linha de pensamento, vale lembrar que o sistema de ensino oferecido no Brasil não expressa, para a maioria esmagadora da população, o domínio de um método que pressuponha o conhecimento dos fatos básicos e nem conforme a necessidade de uma profissão. De acordo com pesquisas recentes, boa parte dos alunos que conclui o ensino médio são analfabetos funcionais, sem conhecimento prático nem teórico, o que os exclui da universidade – ou entram através de recursos que não lhes darão sustentação financeira e intelectual para acompanhar os estudos. Franz Boas já alertava para essas questões há mais de meio século. Vale a pena retomar suas ideias e relê-las de acordo com a nossa realidade e com os tempos atuais, que nem sempre levam em conta os aspectos culturais.

Vale destacar que Franz Boas, por ser antropólogo, colocou a cultura como um dos seus temas centrais, inclusive quando tratava da educação, tornando-se, assim, o "pai" da Antropologia Cultural moderna. Ele a colocou no âmago das Ciências Sociais, transformando-a em instrumento de análise dos processos psicológicos e históricos os quais sempre interessaram aos povos. Mostrou que o "tipo" anatômico, a língua e a cultura não têm, necessariamente, o mesmo destino. Suas argumentações comportam, portanto, a convicção de que as qualidades naturais, as aspirações e as necessidades dos seres humanos são substancialmente idênticas em cada povo, seja ele "primitivo" ou "civilizado", independentemente da sua origem geográfica. Com tal afirmação, Boas abre caminho para estudar a educação como um conceito antropológico. Para ele, está claro como o comportamento humano, enquanto complexo e variado, deve ser estudado no quadro da capacidade psicológica, da adaptação ao ambiente, das habilidades linguísticas e simbólicas, além de se referir aos processos educativos que ocorrem no meio em que se vive. Boas afirma, assim, a legitimidade de todos os conhecimentos que compõem a cultura, sem hierarquias entre eles, oferecendo as bases não apenas para a ideia de uma ciência étnica, ou "etnociência", mas para uma Antropologia da Educação, cujo método se preocupa com o recolhimento e a conservação metódica do patrimônio cultural, para o estudo dos avanços cognitivos de cada povo.

Enfim, podemos ainda destacar no âmbito das contribuições de Boas para a compreensão de uma Antropologia da Educação a capacidade que ele teve de oferecer respostas válidas e debates para todos os tempos, além de deixar um importante legado de instrumentos conceituais e científicos que ainda são aplicados nos estudos não apenas da Antropologia, mas também da educação nas suas mais variadas abordagens. Destaque para a tensão moral, concebida como um método, que atravessa toda a sua obra. Essa "tensão moral" é, portanto, uma maneira de se chegar à verdade nas pesquisas antropológicas. Faz parte das bases lançadas por ele para a moderna Antropologia americana que veio afirmar um ponto de vista microssociológico do estudo dos grupos humanos, transcrevendo-as minuciosamente na busca de uma abordagem mais fiel possível das manifestações culturais que ele observou, bem como a consideração de cada sociedade em si e para si, como totalidade autônoma. Com isso, Franz Boas desenvolveu uma visão crítica e bem elaborada das noções de origem e reconstituição dos estágios culturais. Reconheceu e fundamentou cientificamente a legitimidade de todos os conhecimentos que compõem a cultura, sem hierarquias entre eles, mas nem por isso negligenciou a hierarquia do ensino dentro das instituições públicas e privadas. Valorizou o patrimônio linguístico como chave de entendimento de uma cultura, não apenas como instrumento de análise necessário para o pesquisador entender a cultura estudada, mas, sobretudo, como elemento primordial do processo instrutivo de um povo. Desse modo, analisou a atitude mental das classes instruídas e os avanços nos métodos de ensino. Enfatizou a liberdade nos seus variados aspectos, como, por exemplo, liberdade intelectual, de pensamento, acadêmica, enfim, a liberdade da escola e do ensino propriamente dito. Tudo isso no contexto do processo de uma antropologia da educação. Um processo que vai desde aquele oferecido pelas instituições estabelecidas, sejam elas públicas ou privadas, como os colégios de ensino fundamental e médio até a universidade e as pesquisas que nelas são desenvolvidas. Nesse contexto, trata com maestria do papel do cientista e pesquisador na sociedade democrática e o que se entende por sociedade democrática na conjuntura educacional.

Na relação entre cultura e educação, Boas procurou leis de desenvolvimento e funcionamento das sociedades através do método indutivo, primando pelo ato de ver, ouvir, falar, escrever. Ele rejeitou o evolucionismo unilateral das teorias de Darwin, não adotando explicações de estágios ou fases culturais, muito em voga na sua época. Para Boas, o conhecimento é algo contextualizado, isto é, só pode ser concebido dentro de um contexto. Portanto, cada cultura é uma unidade autônoma e um costume, um hábito, a maneira de ser de um indivíduo só tem significado diante do contexto no qual ele se insere. Assim, a educação de um indivíduo é relativa ao seu contexto cultural. Cada um é formado de acordo com o seu ambiente cultural e enxerga o mundo pelo viés da cultura em que nasceu ou que viveu a maior parte do seu tempo. É o relativismo cultural tão bem acentuado em suas teorias. Esse relativismo cultural relativiza também a educação, pois o entrelaçamento de educação e cultura é indissociável.

Assim sendo, esta obra reúne os textos mais relevantes de Franz Boas relacionados à educação. Eles fazem parte de suas produções antropológicas, livros e artigos avulsos que versam sobre essa temática. São textos produzidos em diferentes fases de sua vida, mas são todos tão atuais que se não nos ativermos às datas da sua escrita é possível achar que foram produzidos nestes tempos, devido à relevância e atualidade deles. É, portanto, uma obra não apenas para quem atua na área da Educação, mas para qualquer estudioso das ciências humanas que quer conhecer mais sobre o intricado processo de desenvolvimento da humanidade e das instituições criadas para esse fim.

José Carlos Pereira

A atitude mental das classes instruídas

> *Eu deveria estar sempre mais inclinado a aceitar, em relação aos problemas humanos fundamentais, o julgamento das massas do que o julgamento dos intelectuais, que é muito mais certo de ser distorcido pelo controle inconsciente das ideias tradicionais.*

Quando tentamos formar nossas opiniões de maneira inteligente, estamos inclinados a aceitar o julgamento daqueles que por sua formação e ocupação são compelidos a lidar com os assuntos em questão. Supomos que suas opiniões devem ser racionais e baseadas na compreensão inteligente dos problemas. O fundamento dessa crença é o pressuposto tácito não apenas de que eles têm conhecimentos especiais, mas também de que são livres para formar opiniões perfeitamente racionais. Entretanto, é fácil ver que não existe nenhum tipo de sociedade na qual exista tal liberdade.

Acredito que posso deixar meu argumento mais claro dando um exemplo retirado da vida de um povo cujas condições culturais são muito simples. Escolherei para esse fim o esquimó. Em sua vida social, eles são extremamente individualistas. O grupo social tem tão pouca coesão que dificilmente temos o direito de falar de tribos. Várias famílias se reúnem e vivem na mesma aldeia, mas nada impede que uma delas se instale em outro lugar e viva com outras famílias. De fato, durante um período da vida, as famílias que constituem uma comunidade esquimó estão constantemente se deslocando; e, embora geralmente retornem após muitos anos ao local onde seus parentes vivem, a família pode ter pertencido a muitas comunidades diferentes. Não há autoridade investida em nenhum indivíduo, nenhuma chefia e nenhum método pelo qual as ordens, se fossem dadas, poderiam ser cumpridas. Em suma, no que diz respeito à lei, temos uma condição de anarquia quase absoluta. Podemos dizer, portanto, que cada pessoa é inteiramente livre, dentro dos limites de sua própria capacidade mental, para determinar seu próprio modo de vida e seu próprio modo de pensar. No entanto, é fácil ver que existem inúmeras restrições que determinam seu comportamento. O menino esquimó aprende a manejar a faca, a usar arco e flecha, a caçar, a construir uma casa; a menina aprende a costurar e consertar roupas e a cozinhar; e durante toda sua vida eles usam suas ferramentas da maneira como aprenderam na infância. Novas invenções são raras, e toda a vida industrial do povo segue os meios tradicionais. O que é verdade para as atividades industriais não é menos verdade em seus pensamentos. Certas ideias religiosas lhes foram transmitidas, noções sobre o que é certo e errado, certas diversões e o prazer de certos tipos de arte. Não é provável que ocorra qualquer desvio em relação a esses. Ao mesmo tempo, nunca lhes passa pela mente que outra forma de pensar e agir seria possível, e eles se consideram perfeitamente livres em relação a todas as suas ações. Com base em nossa experiência mais ampla, sabemos que os problemas industriais dos esquimós podem ser resolvidos de muitas outras maneiras e que suas tradições religiosas e costumes sociais podem ser bem diferentes do que são. Do ponto de vista externo, objetivo, vemos claramente as restrições que prendem o indivíduo que se considera livre.

Não é necessário dar muitos exemplos dessas ocorrências. Parece desejável, no entanto, ilustrar a grande força dessas ideias que restringem a liberdade de pensamento do indivíduo, levando às lutas mentais mais sérias quando a ética social tradicional entra em conflito com as reações instintivas. Assim, entre uma tribo da Sibéria, encontramos a crença de que cada pessoa viverá na vida futura na mesma condição em que se encontra no momento da morte. Como consequência, um homem velho que começa a ficar decrépito deseja morrer, a fim de evitar a vida como incapacitado em um futuro sem fim, tornando-se dever de seu filho matá-lo. O filho acredita na retidão dessa ordem, mas ao mesmo tempo sente amor filial pelo pai, e muitos são os casos em que o filho tem que decidir entre os dois deveres conflitantes – um imposto pelo amor filial instintivo, o outro imposto pelo costume tradicional da tribo.

Outra observação interessante pode ser deduzida daquelas sociedades um pouco mais complexas, nas quais há uma distinção entre diferentes classes sociais. Encontramos tal condição, por exemplo, na América do Norte, entre os índios da Colúmbia Britânica, na qual é feita uma distinção nítida entre pessoas de origem nobre e pessoas comuns. Nesse caso, o comportamento tradicional das duas classes mostra diferenças consideráveis. A tradição social que regula a vida da nobreza é de certa forma análoga à tradição social de nossa sociedade.

É muito enfatizada a estrita observância da convenção e a exibição, e ninguém pode manter sua posição na alta sociedade sem uma quantidade adequada de ostentação e sem o estrito respeito à conduta convencional. Esses requisitos são tão fundamentais que uma presunção arrogante e um desprezo pela pessoa comum se tornam exigências sociais de um chefe importante. O contraste entre as propriedades sociais para a nobreza e aquelas para o povo comum é muito marcante. Do povo comum espera-se humildade, misericórdia e todas aquelas qualidades que consideramos amáveis e humanas.

Observações semelhantes podem ser feitas em todos aqueles casos em que, por uma tradição complexa, uma classe social é destacada da massa do povo. Os chefes das ilhas polinésias, os reis da África, os curandeiros de todos os países apresentam exemplos nos quais a linha de conduta e de pensamento de um grupo social é fortemente modificada por sua segregação da massa do povo. Em geral, em sociedades desse tipo, a massa do povo considera como seu ideal aquelas ações que deveríamos caracterizar como humanas; de modo algum que todas as suas ações estejam de acordo com a conduta humana, mas sua valorização das pessoas mostra que os princípios altruístas fundamentais que reconhecemos são também reconhecidos por eles. Não é assim com as classes privilegiadas. No lugar do interesse humano geral, predomina o interesse de classe; e embora seja errado dizer que sua conduta é egoísta, ela é sempre moldada de tal forma que o interesse da classe à qual pertencem prevalece sobre o interesse da sociedade como um todo. Se for necessário assegurar a classificação e melhorar a posição da família matando vários inimigos, não há hesitação em tirar a vida. Se os interesses da classe exigem a opressão do resto do povo, então ele é oprimido. Se o interesse da classe exigir que seus membros não desempenhem ocupações subalternas, mas que se dediquem à arte ou ao aprendizado, então todos os membros da classe competirão entre si para alcançar essas conquistas. É por essa razão que toda classe segregada é muito mais fortemente influenciada por ideias tradicionais especiais do que a massa do povo; não que a multidão seja livre para pensar racionalmente e que seu comportamento não seja determinado pela tradição, mas que a tradição não é tão específica, não tão estritamente determinada em seu alcance, como no caso das classes segregadas. Por essa razão, muitas vezes se constata que a restrição da liberdade de pensamento por convenção é maior no que poderíamos chamar de classes instruídas do que na massa do povo.

Acredito que essa observação é de grande importância quando tentamos entender as condições em nossa própria sociedade. Sua relação com o problema do significado psicológico do nacionalismo será imediatamente evidente; pois a nação é também uma classe segregada, ainda que segregada segundo outros princípios; e o traço característico do nacionalismo é que seus padrões éticos sociais são considerados mais fundamentais do que os gerais e humanos, ou melhor, que os membros de cada nação gostam de pressupor que seus ideais são ou deveriam ser os verdadeiros ideais da humanidade. Ao mesmo tempo, ilustra claramente que devemos cometer um erro fundamental se confundirmos egoísmo de classe e egoísmo individual; pois encontramos os mais esplêndidos exemplos de devoção altruísta aos interesses da nação, heroísmo que tem sido justamente louvado por milhares de anos como a mais alta virtude, e é difícil perceber que, no entanto, toda a história da humanidade aponta na direção de um ideal *humano* em oposição a um ideal *nacional*. E, de fato, não podemos continuar a admirar o autossacrifício de uma grande mente, mesmo que transcendamos a ideais que não eram seus, e que talvez, devido ao tempo e lugar em que viveu, não poderiam ser seus?

Nossa observação também tem outra aplicação importante. O desenvolvimento industrial e econômico dos tempos modernos trouxe uma diferenciação dentro de nossa população que nunca foi igualada em nenhuma sociedade primitiva. As ocupações das diversas partes de uma população moderna europeia ou americana diferem enormemente; tanto que, em muitos casos, é quase impossível que as pessoas que falam a mesma língua se entendam quando falam de seu trabalho diário. As ideias com as quais o cientista, o artesão, o comerciante, o homem de negócios, o trabalhador operam são tão distintas que têm apenas alguns elementos fundamentais em comum. Aqui pode ser observado novamente que aquelas ocupações que são intelectualmente ou emocionalmente mais especializadas requerem o mais longo treinamento, e treinamento sempre significa uma infusão de ideias transmitidas historicamente. Portanto, não é surpreendente que o pensamento do que chamamos de classes instruídas seja controlado essencialmente por aqueles ideais que nos foram transmitidos pelas gerações passadas. Esses ideais são sempre altamente especializados e incluem as tendências éticas, as inclinações estéticas, a intelectualidade e a expressão da vontade de tempos passados. Seu controle pode encontrar expressão em um tom dominante que determina todo nosso modo de pensar e que, pelo simples fato de estar enraizado em toda nossa mentalidade, nunca surge em nossa consciência.

Nos casos em que nossa reação é mais consciente, ela é positiva ou negativa. Nossos pensamentos podem ser baseados em uma alta valorização do passado ou podem ser uma revolta contra ele. Quando temos isso em mente, podemos compreender as características do comportamento dos intelectuais. É um erro supor que sua mentalidade seja, em média, sensivelmente superior à do restante das pessoas. Talvez um número maior de mentes independentes encontre seu caminho nesse grupo do que em algum outro grupo de indivíduos que são moderadamente abastados; mas sua mentalidade média certamente não é de forma alguma superior à dos trabalhadores, que pelas condições de sua juventude foram compelidos a subsistir com o produto de seu trabalho manual. Em ambos os grupos prevalece a mediocridade; indivíduos excepcionalmente fortes e excepcionalmente fracos são exceções. Por essa razão, a força de caráter e intelecto que é necessária para um pensamento vigoroso sobre assuntos nos quais estão envolvidos sentimentos intensos não é comumente encontrada – seja entre os intelectuais ou em qualquer outra parte da população. Essa condição, combinada com o rigor com que os intelectuais absorveram as tradições do passado, torna a maioria deles convencional em todas as nações. Ela tem o efeito de que seus pensamentos são baseados na tradição, e que o alcance de sua visão pode ser limitado. Mesmo a aparente exceção dos intelectuais russos, que foram educados sob a influência das ideias da Europa Ocidental, não contradiz nossa conclusão geral.

É claro que há mentes fortes entre os intelectuais que se elevam acima do convencionalismo de sua classe e alcançam aquela liberdade que é a recompensa de uma busca corajosa pela verdade, seja qual for o caminho que ela possa levar.

Ao contrário dos intelectuais, as massas em nossas populações urbanas modernas estão menos sujeitas à influência do ensino tradicional. Elas são arrancadas da escola antes que ela possa causar uma impressão indelével em suas mentes e talvez nunca tenham conhecido a força da influência conservadora de um lar em que pais e filhos vivem uma vida em comum. Quanto mais heterogênea for a sociedade em que vivem, e quanto mais os grupos constituintes estiverem livres de influências históricas, ou quanto mais representarem diferentes tradições históricas, menos fortemente estarão apegados ao passado.

Seria um exagero se estendêssemos essa visão sobre todos os aspectos da vida humana. Estou falando aqui apenas daqueles conceitos fundamentais de certo e errado que se desenvolvem nas classes segregadas e nas massas. Em uma sociedade em que as crenças são transmitidas com grande intensidade, a impossibilidade de tratar calmamente as opiniões e ações do herege é compartilhada por ambos os grupos. Quando, pelo progresso do pensamento científico, os fundamentos da crença dogmática são abalados entre os intelectuais e não entre as massas, encontramos as condições invertidas e maior liberdade das formas tradicionais de pensamento entre os intelectuais – pelo menos na medida em que o dogma atual está envolvido. Seria também um exagero afirmar que as massas podem sentir a forma correta de alcançar a realização de seus ideais, pois esses devem ser encontrados pela experiência dolorosa e pela aplicação do conhecimento. Entretanto, nenhuma dessas restrições toca nossa principal alegação, a saber, que os desejos das massas são, num sentido mais amplo, mais humanos do que os das classes.

Portanto, não é surpreendente que as massas populares trabalhadoras – cujo apego ao passado é relativamente pequeno – respondam mais rápida e energicamente às demandas urgentes do momento do que as classes instruídas, e que os ideais éticos dos melhores entre elas sejam ideais humanos, não os de uma classe segregada. Por essa razão, eu deveria estar sempre mais inclinado a aceitar, em relação aos problemas humanos fundamentais, o julgamento das massas do que o julgamento dos intelectuais, que é muito mais certo de ser distorcido pelo controle inconsciente das ideias tradicionais. Não quero dizer que o julgamento das massas seria aceitável em relação a todos os problemas da vida humana, porque há muitos que, por sua natureza técnica, estão além de sua compreensão. Tampouco acredito que os detalhes da solução correta de um problema possam sempre ser encontrados pelas massas; mas sinto fortemente que o problema em si, tal como é sentido por elas, e o ideal que querem ver realizado, é um guia mais seguro para nossa conduta do que o ideal do grupo intelectual que está sob a proibição de uma tradição histórica que entorpece seu sentimento para as necessidades do dia a dia.

Mais uma palavra em relação ao que poderia ser um malentendido fatal do quero dizer. Se condeno a obediência irrefletida dos ideais de nossos antepassados, estou longe de acreditar que algum dia será possível, ou até mesmo desejável, descartar o passado e começar novamente em uma base puramente intelectual. Aqueles que pensam que isso pode ser realizado não compreendem corretamente, creio eu, a natureza humana. Nossos próprios desejos de mudança são baseados em críticas do passado, e tomariam outra direção se as condições sob as quais vivemos fossem de natureza diferente. Estamos construindo nossos novos ideais utilizando o trabalho de nossos ancestrais, mesmo onde o condenamos, e assim será no futuro. O que quer que nossa geração possa alcançar, alcançará no decorrer do tempo aquele aspecto venerável que acorrentará as mentes da grande maioria de nossos sucessores e exigirá novos esforços para libertar uma geração futura dos grilhões que estamos forjando. Quando reconhecemos esse processo, devemos ver que é nossa tarefa não apenas nos libertarmos dos preconceitos tradicionais, mas também buscar na herança do passado o que é útil e correto, e nos esforçarmos para libertar a mente das gerações futuras para que elas não se apeguem aos nossos erros, mas estejam prontas para corrigi-los.

Avanços nos métodos de ensino

> *O ensino de Antropologia pode ser feito para complementar de muitas maneiras o ensino de disciplinas afins, e eu irei delinear brevemente suas funções no currículo universitário.*

A Antropologia é uma das disciplinas que foram incorporadas ao currículo universitário muito recentemente. Por essa razão, dedicarei minhas observações a uma consideração do campo que o ensino antropológico se destina a cobrir e de suas relações com as ciências aliadas, em vez de uma discussão sobre métodos de ensino.

De acordo com definições puramente teóricas, a Antropologia é a ciência do ser humano e pode ser entendida como abrangendo uma vasta gama de assuntos. Tanto as características físicas quanto as mentais do ser humano podem ser considerados de certa forma o campo próprio da Antropologia. Mas as ciências não se desenvolvem de acordo com as definições. Elas são o resultado do desenvolvimento histórico. O tema da Antropologia tem sido acumulado principalmente por viajantes que nos fizeram conhecer povos que habitam países distantes. Outra parte do tema da Antropologia se deve à pesquisa de vestígios pré-históricos encontrados em países desenvolvidos. Somente após o desenvolvimento de certos métodos que se basearam em grande parte nas informações coletadas é que a raça branca foi objeto de pesquisa.

Por essa razão, o objetivo da Antropologia tem sido em grande parte explicar os fenômenos observados entre as tribos de cultura estrangeira. Esses fenômenos são naturalmente divididos em três grupos: (1) a aparência física do ser humano; (2) as línguas e (3) os costumes e as crenças. Dessa forma, três ramos da Antropologia se desenvolveram: (1) a Somatologia, ou Antropologia Física; (2) a Linguística e (3) a Etnologia. Até este momento, a pesquisa antropológica tratou quase exclusivamente de assuntos que podem ser classificados nessas três categorias. Esses temas não são abordados por nenhum outro ramo da ciência e, ao desenvolvê-los, a Antropologia ocupa um vago lugar no sistema das ciências.

O tratamento desses três temas requer uma estreita cooperação entre a antropologia e várias ciências. A pesquisa das características físicas do ser humano também foi assumida pelos anatomistas, mas o ponto de vista do anatomista e o do antropólogo são bem diferentes. Enquanto o primeiro está interessado principalmente na ocorrência de certas modificações da forma humana e em sua interpretação genética, o antropólogo está interessado na distribuição geográfica das variedades de forma, na variabilidade da espécie humana em diferentes áreas e em sua interpretação. O estudo completo da Antropologia Física, ou Somatologia, requer o treinamento combinado do anatomista e do antropólogo.

No estudo da Linguística, o antropólogo trata de um tema que foi parcialmente abordado pelo estudioso de troncos linguísticos especiais. O estudo da estrutura das línguas arianas, das línguas semíticas e das línguas mongóis tem sido realizado com grande sucesso por filólogos; mas o problema antropológico é um problema mais amplo – trata da questão geral da língua humana.

No estudo da Etnologia, o campo de pesquisa do antropólogo é contíguo ao campo de pesquisa do psicólogo e do sociólogo. O desenvolvimento de uma Psicologia verdadeiramente empírica faz com que seja necessário recorrer em grande parte ao material fornecido pelos estudos antropológicos. Por outro lado, os sociólogos descobriram que a análise da cultura da sociedade desenvolvida não pode ser realizada com sucesso sem um estudo comparativo da sociedade primitiva, que é o objeto da pesquisa antropológica.

O método da Antropologia é um método indutivo, e a ciência deve ser colocada lado a lado com as outras ciências indutivas. Nossas conclusões são baseadas em comparações entre as formas de desenvolvimento do corpo humano, da linguagem humana, das atividades humanas, e devem ser tão verdadeiramente indutivas quanto as de qualquer outra ciência. Ao incluir a Psicologia e a Antropologia na presente discussão sobre os métodos de ensino das ciências, expressamos a convicção de que o método de pesquisa dos fenômenos mentais não deve ser menos indutivo do que o método dos fenômenos físicos.

O ensino de Antropologia pode ser feito para complementar de muitas maneiras o ensino de disciplinas afins, e eu irei delinear brevemente suas funções no currículo universitário.

A Antropologia Física passou a ser principalmente um estudo das variedades do ser humano. As diferenças entre os distintos tipos humanos, definidas geográfica ou socialmente, são pequenas – tão pequenas, de fato, que o biólogo, até tempos bastante recentes, as teria desconsiderado completamente. Pequenas diferenças de tipo têm sido importantes para o estudioso de Antropologia em uma época anterior do que para o estudioso de Zoologia, porque estamos mais profundamente interessados nas pequenas diferenças que ocorrem em nossa própria espécie do que naquelas encontradas entre os animais. Por essa razão, na Antropologia, mais cedo do que na Zoologia, a insuficiência de descrição foi sentida. A Antropologia foi a primeira das ciências biológicas a substituir a descrição pela medição e a palavra vaga pelo número exato. O método de medição dos fenômenos variáveis – no caso da Antropologia, das variações que compõem um tipo – teve que ser desenvolvido. É natural que, no decurso desse desenvolvimento, tenham sido cometidos erros que tiveram que ser corrigidos, e que o método sólido de descrição métrica tenha se desenvolvido lentamente. Parece que atualmente chegamos a um estágio em que os métodos de descrição métrica podem ser claramente reconhecidos, e podemos, portanto, esperar com confiança um desenvolvimento rápido e sadio da Antropologia Física. Um olhar sobre a literatura biológica recente mostra muito claramente que a Zoologia descritiva e a Botânica descritiva estão atualmente passando para a substituição da descrição métrica pela descrição verbal que ocorreu na Antropologia algum tempo atrás. O estudo de métodos antropológicos pode impedir que os biólogos repitam os mesmos erros que foram cometidos nos primeiros tempos da Antropologia. Os temas antropológicos continuarão, por muito tempo, a ser o material mais disponível para estudos métricos de variações nas formas superiores de vida, pois o material pode ser obtido em maior número e com maior facilidade do que nos estudos da maioria das formas animais superiores. O método métrico, que atualmente é sobretudo um método antropológico, tornar-se-á, em muito pouco tempo, de grande importância para o estudioso de Biologia, que deve, por essa razão, lucrar com as experiências do antropólogo.

O desenvolvimento mais completo da Antropologia Física levará a um estudo da Fisiologia e da Psicologia Experimental das raças humanas. Mas, nessas linhas de trabalho, mal começamos. A relação dessas pesquisas com a Fisiologia e com a Psicologia será a mesma que a da Antropologia Física com a Anatomia.

Posso ser autorizado a passar brevemente as relações do método linguístico da Antropologia para outras ciências. Você reconhecerá imediatamente que esse tema, assim como os seus métodos, deve ter um efeito estimulante sobre o ensino da Filologia, porque suas conclusões se baseiam nos amplos fundamentos da linguagem humana; não nos estudos de uma única família de línguas. A ciência da Linguística está crescendo lentamente devido às suas dificuldades intrínsecas. Essas dificuldades se baseiam na falta de material satisfatório, bem como na quantidade de mão de obra envolvida na aquisição de conhecimento em sua linha particular de pesquisa. O trabalho nesse campo é urgentemente necessário, pois as línguas do ser humano primitivo estão desaparecendo de modo muito rápido, privando-nos assim de um material valioso para estudo comparativo.

A Etnologia, a última divisão da Antropologia, cobre um vasto campo. Seu objetivo principal pode ser descrito brevemente como a descoberta das leis que regem as atividades da mente humana, e também a reconstrução da história da cultura e da civilização humana. Os métodos aplicados pelos etnólogos são duplos. A pesquisa da história da cultura de áreas definidas é realizada por meio de métodos geográficos e arqueológicos. Os métodos são geográficos na medida em que os tipos que habitam um território, suas línguas e seus costumes, são comparados com os das tribos vizinhas. Eles são arqueológicos na medida em que lidam com os vestígios pré-históricos encontrados no território em questão. Nesse caso, aplicamos métodos indutivos para a solução de questões históricas. A pesquisa das leis que regem o desenvolvimento da cultura humana é realizada por meio de métodos comparativos e se baseia nos resultados da análise histórica referida anteriormente. Essas leis são, em grande parte, de natureza psicológica. Seu grande valor para o estudo da mente humana reside no fato de que as formas de pensamento que são objeto de pesquisa cresceram inteiramente fora das condições que regem nossos próprios pensamentos. Elas fornecem, portanto, material para uma psicologia verdadeiramente comparativa. Os resultados do estudo da Linguística comparativa constituem uma parte importante desse material, porque as formas de pensamento encontram suas expressões mais claras nas formas de linguagem.

Parece, a partir dessas breves afirmações sobre o escopo e os métodos da pesquisa antropológica, que o conhecimento de todo o campo é indispensável para o sociólogo; que o conhecimento dos resultados e métodos será de grande vantagem para o psicólogo, e que o método estatístico desenvolvido em Antropologia Física será muito útil para o estudioso de Biologia. De modo geral, o conhecimento dos contornos da Antropologia parece ser de valor educativo, particularmente na medida em que amplia a visão histórica do pesquisador, pois estende sua visão sobre culturas e civilizações que cresceram sem influência da nossa. Os avanços feitos por nossa própria raça lhe parecerão mais verdadeiros quando ele for capaz de compará-los com o trabalho feito por outros povos e raças, e se ele entender o quanto nossa própria civilização deve às realizações de povos que parecem estar presentes em um nível baixo de cultura. O valor metodológico do ensino da Antropologia reside no fato de que ele mostra a possibilidade de aplicar métodos indutivos ao estudo dos fenômenos sociais.

Liberdade intelectual

> *Cada pessoa deve ser tratada de acordo com seu valor individual, não importa qual seja sua afiliação racial, nacional ou religiosa. Não deve haver tirania da opinião pública que possa restringir a liberdade do pensamento individual.*

As complexidades da vida moderna nos obrigam a reconhecer que as ações econômicas de cada indivíduo têm uma influência tão profunda no bem-estar de nossos concidadãos, mesmo de membros de nações estrangeiras, que não podemos nos entregar a essa robusta individualidade característica dos tempos anteriores, quando cada família era muito mais autossuficiente do que é agora. As causas dessa mudança são bem conhecidas e se devem principalmente às conquistas da ciência.

As restrições que aceitamos como consequências inevitáveis do gênio inventivo da humanidade e do tamanho de nossa população não se estendem ao domínio do pensamento. Mesmo que quiséssemos fazê-lo, não podemos manter um individualismo absoluto na vida social e econômica, mas é a meta pela qual nos esforçamos na vida intelectual e espiritual. Levamos muito tempo para libertar o pensamento das restrições do dogma imposto. Essa liberdade não foi de forma alguma alcançada completamente. Os pensamentos de muitos são inconscientemente ou conscientemente tão reprimidos, e as tentativas de repressão forçada do pensamento que contraria os princípios de crença aceitos ainda são muito frequentes. Uma maioria intolerante pode ser tão perigosa para a liberdade de pensamento quanto a mão pesada de um ditador. Por essa razão, exigimos a máxima liberdade de expressão, para que nossos jovens estejam preparados para um uso inteligente dos privilégios e deveres da cidadania.

Apesar de todos os lapsos de que possamos ter sido culpados, o ideal de nossa democracia é a liberdade de pensamento e de expressão. Isso está claramente expresso na Declaração de Independência e na Declaração de Direitos; a liberdade de expressão, de reunião, de imprensa comprova que nosso objetivo é lutar pela liberdade intelectual. A ciência certamente não pode viver em uma atmosfera de contenção. Em estados democráticos, ela conseguiu em grande parte romper as correntes do dogma, pelo menos no que diz respeito às ciências naturais. Ainda temos muito que aprender em relação à liberdade de pesquisa e expressão nas ciências sociais, mas pelo menos temos a vontade de alcançá-la. A disposição de considerar como heresia uma visão diferente da que está em voga e de incitar a perseguição apaixonada daqueles que a sustentam deve ser superada. Se quisermos combater o preconceito, os resultados de pesquisas honestas, sejam elas quais forem, devem se tornar acessíveis a todos.

Houve um tempo em que nas monarquias absolutas a ciência era livre desde que não interferisse com o governo autocrático, quando os resultados da pesquisa não chegavam às massas, mas permaneciam confinados ao pequeno grupo dedicado às atividades intelectuais.

Os estados totalitários modernos têm uma visão diferente. Eles ordenam quais devem ser os resultados da pesquisa científica e não permitem a realização de trabalhos ou a publicação de resultados que contrariem suas noções pré-concebidas. Ramos inteiros do conhecimento que lhes parecem perigosos ou irrelevantes são suprimidos. O valor da pesquisa científica não é medido pelo seu valor intrínseco, mas pela questão se o pesquisador é ou não aceito para o ditador.

Os efeitos maléficos de tal política não se limitam à ciência. A tirania se estende à vida cotidiana. Nenhuma crítica, nenhuma opinião divergente é permitida e como as punições draconianas são aplicadas aos transgressores, o povo se torna covarde; ainda mais, como a denúncia dos opositores é considerada uma virtude, todo o seu moral é prejudicado.

Os desinformados entre nós são muito propensos a ignorar os sacrifícios pelos quais os sucessos dos estados totalitários são comprados, e há o perigo de que a aparente segurança possa atrair almas fracas para procurar remédios semelhantes. A propaganda irresponsável está trabalhando para explorar tal disposição.

Por essa razão, é nosso dever estar em alerta. Consideramos a liberdade intelectual e espiritual o direito inalienável de cada indivíduo. A democracia, tal como concebida em nossa Constituição e como expressa em nossa vida cotidiana, é um tesouro que estamos determinados a guardar em todas as circunstâncias. Não alcançamos a medida mais completa de tal liberdade, mas, onde ela não é plenamente realizada, lutamos para desenvolvê-la. Nós nos consagramos à sua perfeição para combater toda forma de censura exercida pelo governo, pela Igreja, por interesses particulares, pelo controle irresponsável de indivíduos ou organismos, e todas as outras formas de supressão da liberdade de expressão. Nossa democracia nos dá o direito e nos impõe o dever de nos dedicarmos ao desenvolvimento da liberdade intelectual.

Hoje podemos expressar nossas convicções apenas em palavras, mas podem estar certos de que criaremos uma organização para fortalecer a democracia; que foram dados passos que levarão à realização desse fim.

Liberdade de pensamento

Devemos fazer nossa parte na tentativa de difundir a arte e criar o hábito de pensar com clareza.

Em geral, não tento aplicar as conclusões de nossas discussões a problemas específicos da atualidade, supondo que quando se pensa atentamente sobre estes assuntos a aplicação deles lhe parecerá óbvia. No momento, porém, quando na universidade e fora dela somos chamados constantemente a restringir a liberdade de nosso pensamento em conformidade com as opiniões correntes, penso que devo dizer com franqueza e o mais claramente possível minha posição em relação a essa demanda. Levou muito tempo para que o cientista que pesquisa problemas astronômicos, geológicos ou biológicos obtivesse a liberdade de seguir rigidamente sua linha de pensamento sem levar em conta a tradição e as opiniões dogmáticas de outros. Tornou-se evidente que qualquer interferência na liberdade de pensamento e expressão do cientista seria considerada intolerável. No entanto, há uma nítida divisão entre um pesquisador científico e um pesquisador de fenômenos que se relacionam com a conduta humana. Evidentemente, não permeou a sociedade o fato de que esses fenômenos podem e devem ser pesquisados com o mesmo espírito científico que domina outras linhas de pesquisa. Para qualquer um que tenha chegado a esse ponto de vista, a restrição da liberdade de pensamento e expressão em relação aos fenômenos psicológicos e sociais é tão insuportável quanto seria a exigência de conformidade em relação às opiniões relacionadas à ciência no sentido mais estrito do termo.

Se eu conseguir deixar claros os dados fundamentais da pesquisa antropológica, vocês entenderão que, do meu ponto de vista, o requisito mais essencial para obter clareza de pensamento e liberdade individual deve ser a capacidade de compreender os obscuros motivos emocionais que determinam nossa conduta e nosso modo de pensar. Tentei mostrar quão íntima é a relação entre nosso sentimento e nosso pensamento e aqueles ideais fundamentais que são incutidos em nossas mentes na mais tenra juventude. Se reconhecermos claramente esse fato, então vocês entenderão que a ideia de liberdade, da qual tanto gostamos de falar, adquire um significado inteiramente novo. Que queremos ter liberdade de interferência em nossa individualidade é óbvio, mas há muito poucas pessoas, mesmo no momento atual, que entendem que a verdadeira liberdade significa que nós mesmos devemos ser capazes de superar os grilhões que o passado nos impõe; que devemos entender que as ações que realizamos são simplesmente devidas ao hábito e ao valor emocional que as ações habituais adquirem, e o quanto isso se deve ao verdadeiro pensamento racional. Devemos entender que os fundamentos da liberdade individual não são fáceis de alcançar, justamente porque isso requer um árduo trabalho mental e a vontade de superar resistências emocionais, mesmo sabendo que algumas dessas ideias acalentadas com as quais operamos são frases tradicionais sem qualquer tipo de significado racional, que é difícil elevá-las à consciência e torná-las objeto de exame. Vocês reconhecerão prontamente que, portanto, toda a base de um ponto de vista antropológico é a disposição de assumir a posição do não conformista, de não tomar nada em nossa estrutura social como certo, e de estar particularmente pronto para examinar criticamente todas aquelas atitudes que são acompanhadas por fortes explosões de emoção, quanto mais forte for a emoção que as acompanha. Por essa razão, não posso aceitar nenhum tipo de posição na qual a liberdade do pensamento não conformista deva ser restringida.

Como estudiosos da sociedade humana, devemos exigir que tanto aqui como nas ciências físicas, aceitemos os resultados do pensamento crítico sem levar em conta a opinião corrente. O fato de ser mais difícil nas ciências sociais nos libertarmos dos preconceitos tradicionais não é motivo para nos restringirmos. Pelo contrário, a maior liberdade de pensamento e de expressão é necessária nas pesquisas em que reconhecemos que é tão difícil obter um ponto de vista totalmente imparcial.

Gostaria de chamar a atenção para algumas aplicações práticas das discussões que tivemos durante as últimas semanas. Uma delas refere-se ao sentimento de contraste que prevalece entre praticamente todos os membros da humanidade no que diz respeito às obrigações pessoais dos indivíduos para com membros de sua própria comunidade e para com estrangeiros. Vocês devem se lembrar que eu lhes disse que entre os seres humanos primitivos o estrangeiro é considerado um ser especificamente diferente de nós. Também tentei mostrar como o tamanho da unidade aumentou gradualmente, e como o sentimento de diferença específica foi gradualmente atenuado, até reconhecermos no presente certos direitos do estrangeiro. Persiste o sentimento primitivo de que em nossa conduta ética os interesses dos membros de nossa comunidade são mais importantes do que os de fora. É mais fácil olhar para essas questões, não à luz dos sentimentos desenvolvidos durante a guerra, mas com base em nossa conduta em tempos de paz. Quando reconhecemos que a tendência geral do desenvolvimento é no sentido do reconhecimento de direitos iguais para todos os membros da humanidade, então não há nenhuma base ética que nos permita impor tarifas protecionistas com o propósito não apenas de promover os interesses dos membros de nossa comunidade, mas também, se isso for possível, de prejudicar os interesses do estrangeiro. Seria admissível conceber meios de promover o bem-estar econômico de uma determinada área ou grupo social, desde que isso pudesse ser feito sem discriminação injusta contra outros; mas esse não é o nosso ponto de vista moderno. Posso entender por que deve ser importante promover o bem-estar econômico da Califórnia, através de algum estímulo artificial, mas não vejo por que esse estímulo artificial deve ser dirigido contra os canadenses e não contra os habitantes da Nova Inglaterra, que podem ter muito mais poder para perturbar o desenvolvimento do sul da Califórnia do que os canadenses. A objeção a esse argumento seria, naturalmente, que os californianos e os habitantes da Nova Inglaterra são membros da mesma nação, à qual os canadenses não pertencem; mas vocês verão prontamente que isso nos remete ao argumento de que temos o direito de prejudicar o estrangeiro se isso for em benefício dos membros de nossa nação, e que também desejamos reforçar a ideia de unidade nacional através de nossas ações. De um ponto de vista geral de jogo limpo para todos, eu deveria sempre me opor, em princípio, a todos os tipos de tarifas protecionistas nacionais.

Gostaria dar-lhes dar outro exemplo, a fim de demonstrar que esse ponto de vista não implica de forma alguma a renúncia total ao que gostamos de chamar de ideais nacionais. Como vocês sabem, uma de nossas questões mais problemáticas é a da imigração do leste asiático. De um ponto de vista humano geral, eu gostaria que todas as barreiras contra a migração humana pudessem ser abolidas. É claro, no entanto, que em um país escassamente povoado com imigração irrestrita de um tipo cultural inteiramente distinto, esse tipo de vida que chamamos de nossa civilização pode ser completamente ocupada pelo do imigrante estrangeiro. Aqui eu penso ser um ponto em que os membros de uma nação têm o direito de defender sua vida nacional contra a incursão de ideias estrangeiras e do modo de vida estrangeiro, desde que isso possa ser feito sem injustiça. É a mesma condição que teria justificado os colonizadores espanhóis da Califórnia, Arizona e Novo México ao impor restrições à imigração americana na época em que, em meados do século XIX, tornou-se óbvio que as comunidades escassamente povoadas seriam ocupadas por nós. Se, por outro lado, consideramos que na época era correto ocupar os países espanhóis de nosso continente, então devemos considerar também que seria correto que o Japão ou a China nos ocupassem, se eles estiverem econômica e culturalmente em condições de fazê-lo.

Meu ponto de vista em relação a essas questões é determinado em grande parte pelo fato de que sei quão profundamente os ideais de cada nação em particular são determinados por sua própria tradição histórica. A história nunca é racional e, por essa razão, elementos desejáveis e indesejáveis se misturam na tradição de cada nação em particular. Se quisermos obter clareza de visão, nada é mais importante do que sermos capazes de reconhecer a base tradicional de nosso próprio pensamento em comparação com tipos de pensamento estrangeiros; e se não fosse por nenhuma outra razão, seria por essa razão, que eu gostaria de ver mantida a individualidade das nações.

Em outras palavras, enquanto soubermos que a massa da humanidade jamais se libertaria dos grilhões da tradição, o progresso exige a persistência de características nacionais. Nada poderia estar mais longe da verdade do que supor que, se pudéssemos apenas impor nossos próprios ideais ao resto da humanidade, então todo o progresso seria uma simples veleidade. Devo dizer que, com toda probabilidade, seria a melhor maneira de obter a estagnação. É óbvio que por causa dessa atitude, que creio ser a única que se justifica pela experiência antropológica, sou extremamente cético em relação aos valores absolutos dos chamados ideais nacionais. Obviamente, todos eles contêm coisas que são boas, mas é igualmente certo que todos eles contêm coisas que são do mais duvidoso valor.

Se queremos compreender os ideais verdadeiramente humanos, estes não devem ser baseados nos ideais nacionais específicos, mas naqueles ideais que encontramos expressos em todos os lugares onde o ser humano é menos contido pela tradição histórica. Vocês se lembrarão que eu lhes expliquei que essa condição prevalece particularmente entre as massas populares, muito menos entre as classes segregadas. As classes segregadas não existem apenas em uma unidade nacional ou tribal. Os intelectuais, que estão impregnados de tradição histórica e, portanto, em geral pouco capazes de pensar com clareza, pertencem a esse grupo. Os ricos, a nobreza, o cientista, o artista, o clérigo, todos pertencem em sua grande maioria a tais grupos segregados; mas não é menos verdade que cada nação é, no mesmo sentido, um grupo segregado, no qual certos tipos de pensamento se desenvolveram inteiramente pela tradição; no qual o pensamento, expresso em uma frase de efeito, é um poder quase elementar, estimulando o ser humano a agir sem qualquer tentativa de pensar claramente o que a frase de efeito pode significar ou se ela significa alguma coisa.

Acredito, portanto, que os ideais nacionais devem ser examinados da mesma forma que examinamos a ética social que se desenvolve em qualquer classe segregada; e considero a ética nacional como de valor inferior quando comparada à ética humana, que se baseia em conceitos generalizados, livres do contexto social específico que determinam sua forma em cada caso particular. Podemos examinar desse ponto de vista algumas das convicções apaixonadas que determinam nossa conduta em tempos de guerra. Devemos ser claros em relação ao ponto de que nosso julgamento não é um julgamento racional, mas baseado em certas premissas nas quais apenas uma das duas partes compartilha. A suposição feita por ambos os lados, de que todo um povo ou mesmo uma grande fração dele são canalhas, bárbaros e hipócritas, ou o que quer que seja, parece-me inteiramente injustificável do ponto de vista antropológico. A ação de todos nós é determinada pelo contexto emocional de onde partimos; e quando o contexto emocional é diferente, nunca podemos alcançar os mesmos resultados.

Um ponto semelhante aparece se examinarmos cuidadosamente o desenvolvimento histórico do que escolhemos chamar de democracia. Como tentei explicar várias vezes, a base final de nossa conduta deveria ser a preservação da igualdade de direitos de cada indivíduo recém-nascido, bem como a liberdade de uma unidade social de se desenvolver à sua própria maneira. Historicamente, nossa democracia moderna tem muito pouco a ver com essa questão fundamental. Ela se desenvolveu como uma ação natural e necessária contra a interferência externa na liberdade do indivíduo e das unidades locais. Fundamentalmente, seu caráter é negativo na medida em que recusa o controle de um grupo de pessoas por estrangeiros, e na medida em que suas formas são expressões de desconfiança contra aqueles que estão encarregados da execução de suas leis. Com base nesses elementos negativos, desenvolveram-se métodos construtivos positivos. É, no entanto, bastante surpreendente que as mudanças mais importantes que ocorreram nos últimos anos não sejam, de maneira alguma, determinadas por essas formas democráticas, mas sim pelos ideais humanos fundamentais aos quais me referi anteriormente. Parece haver muito pouca relação entre os dois. Estou propenso a pensar que restringimos a possibilidade de avanço dando à democracia moderna um valor universal e permanente, pois os valores permanentes estão claramente muito à frente do caráter negativo dos que são comumente chamados de ideais democráticos. Certamente, ninguém que conhece as condições de vida dos ricos e dos pobres poderia afirmar que oferecemos oportunidades iguais a todos.

Para resumir, então, quero dizer que, se cedermos à comunidade o direito de restringir a liberdade de pensamento e a liberdade de expressão, fechamos a possibilidade do progresso científico; que, ao contrário, a liberdade de pensamento só pode ser obtida através do escrutínio mais profundo da opinião atual e de nossas próprias mentes, cujas atividades estão tão intimamente associadas à opinião atual que exige um trabalho árduo e corajoso para reconhecer onde os preconceitos irracionais do momento tomam o lugar do pensamento racional.

Liberdade acadêmica

> *A liberdade de pensamento só pode ser obtida através do escrutínio mais profundo da opinião atual e de nossas próprias mentes, cujas atividades estão tão intimamente associadas à opinião atual que exige um trabalho árduo e corajoso para reconhecer onde os preconceitos irracionais do momento tomam o lugar do pensamento racional.*

Os puritanos vieram aos Estados Unidos em busca de liberdade contra a perseguição, liberdade para seguir suas convicções religiosas. Como outras minorias religiosas que haviam chegado ao poder, eles esqueceram seu próprio desejo de liberdade e se tornaram opressores intolerantes. Eles não haviam aprendido o grande princípio da liberdade espiritual.

A colonização do Ocidente exigiu o desenvolvimento da força individual e da autossuficiência que deu o grande impulso ao desejo de liberdade individual que caracterizou a maior parte de nossa história nacional. É um culto à liberdade de caráter diferente do culto dos puritanos, oposto à restrição social, enfatizando a iniciativa individual e a autodeterminação.

Com o desenvolvimento do comércio e da indústria, com a crescente complexidade da vida econômica, as manifestações desse desejo apaixonado por liberdade individual se tornaram cada vez mais fracas. O número daqueles que dependem do emprego e as consequentes limitações de sua liberdade está aumentando constantemente. A segurança sem esforço pessoal no emprego público, a aceitação do sacrifício da independência intelectual em uma burocracia, uma fábrica ou uma empresa comercial minam o desejo de liberdade individual.

Para recuperar parte de sua liberdade os empregados estão se unindo, desejosos de recuperar parte de sua autodeterminação, livres de sua completa dependência do empregador. A consciência de que a liberdade individual só pode ser alcançada na estrutura da sociedade como um todo está ganhando. O empregado quer ganhar não apenas segurança econômica, mas também a consciência de que ele é um elemento ativo em nossa vida cultural, não apenas uma engrenagem de uma máquina que é acionada por outros. O desejo de maior independência econômica e de participação intelectual no trabalho da humanidade obriga o empregado a buscar sua realização através da cooperação.

A convicção da necessidade do trabalho em conjunto com o objetivo de receber maior liberdade é mais fraca entre aqueles que participam, ainda que em menor grau, do trabalho intelectual ou espiritual de nosso tempo, mas a necessidade de ação conjunta é sentida por muitos.

Pareceu necessário ter em mente esses aspectos gerais da liberdade ao definir o que se entende por liberdade acadêmica. Não há necessidade de dizer que o cientista que busca a verdade e acrescenta com seu trabalho ao nosso patrimônio de conhecimento deve estar livre de toda coerção externa e que é seu dever libertar-se, na medida do humanamente possível, do viés de preconceitos. Isso se refere não apenas à pesquisa em Física, Química e Biologia, mas igualmente em Psicologia e Ciências Sociais. Quanto mais a pesquisa científica toca nossa vida social, maior é o perigo de que o trabalho do cientista seja dificultado ou ajudado por pressões externas, econômicas ou não, bem como por seu próprio viés emocional.

A função do professor é muitas vezes mal compreendida, tanto pelo público quanto por muitos dos próprios professores. O professor não deve ser apenas um instrutor que transmite o conhecimento dos fatos. Ele deve ser também um educador de personalidades. Ele deve desenvolver a força de vontade e o controle da vida emocional dos jovens a ele confiados, nada menos que transmitir o conhecimento factual.

Não é nossa preocupação no momento discutir o que isso significa para a organização das escolas. O problema importante é em que condições o professor e o aluno devem viver para tornar possível a realização de sua tarefa.

A questão principal é se queremos educar os jovens para a liberdade pessoal ou nos tornarmos ferramentas subservientes do empregador, seja ele o Estado, um indivíduo, ou uma organização comercial, intelectual ou espiritual. Espero que nossa devoção aos objetivos mais elevados da humanidade ainda seja forte o suficiente para responder a tal ideal com um enfático NÃO. Não deve haver doutrinação. Pelo contrário, devemos tentar desenvolver a liberdade intelectual e uma sólida coordenação entre razão e emoção. Isso só pode ser feito quando ambos, professor e aluno, vivem em uma atmosfera de liberdade. O professor deve estar em contato suficientemente próximo com todas as forças que movem nossa vida social para dar aos jovens sob sua responsabilidade um sentimento pelos ideais que movem nossa sociedade e das contracorrentes que são produzidas pelos conflitos de ideais. Ele ajustará seus ensinamentos à compreensão dos jovens. Sua própria compreensão dos fenômenos da natureza e da sociedade humana dependerá da liberdade de sua própria mente. Quanto menor a contenção burocrática sob a qual ele trabalha, tanto mais bem-sucedido será seu trabalho. É provável que, sob sua orientação, os jovens escolham entusiasticamente um ou outro ideal, até que por experiência seus pensamentos e ações sejam direcionados para um percurso moderado. Devemos lembrar as palavras de Goethe com as quais ele caracteriza o idealismo da juventude: "No entanto, mesmo com ele, não estamos em perigo especial; Ele irá, sempre, inclinar-se para outros pensamentos: O mosto pode espumar absurdamente no barril, mas, afinal, ele se transforma em vinho."

É evidente que qualquer tentativa de selecionar professores não de acordo com os parâmetros aqui delineados, mas de acordo com os critérios políticos, religiosos ou, o mais intolerável de todos, a filiação racial, deve ser resistida ao máximo; que qualquer violação dos direitos políticos de que o professor goza com outros cidadãos, para identificá-lo como alguém que tem que se conformar aos parâmetros políticos ou religiosos da administração escolar, subverte os princípios mais fundamentais de uma escola destinada a formar cidadãos livres num país livre.

A liberdade acadêmica significa liberdade de pesquisa, liberdade de opinião e liberdade da ação do professor como cidadão. Significa o dever de desenvolver no aluno um sentimento de obrigação de pensar de forma independente e de controlar suas emoções pela razão. Para o estudante, significa o direito de ser informado a respeito das múltiplas correntes da vida, de modo que ele possa formar um juízo inteligente a respeito de seu próprio lugar na sociedade.

Liberdade para a escola

> *Nossas mentes devem permanecer livres,*
> *simplesmente pela razão de que são necessárias*
> *mentes livres para a solução de nossos problemas.*

Os educadores gostam de se vangloriar com a crença de que através das escolas eles controlam a corrente do pensamento humano e que através de seu trabalho eles podem fazer e desfazer os ideais os quais a humanidade está buscando.

A história da educação não admite essa visão. Os sistemas de educação refletem correntes culturais, não as criam; e o educador que acredita que ele próprio está desenvolvendo novos ideais apenas imprime o pensamento de seu tempo na geração em desenvolvimento. Por essa razão, a escola é mais frequentemente uma agência conservadora que cristaliza e enfatiza as correntes culturais do que uma criadora de novas ideias. Quanto maior o sistema educacional, mais isso é verdade. Um indivíduo que controla uma escola pode incutir nela sua própria personalidade, mas as escolas de uma grande unidade social, que são controladas por agências governamentais, refletem o *status* da sociedade a que pertencem e seus ideais.

A verdadeira educação deve libertar a mente dos jovens dos grilhões do conservadorismo irrefletido e da subordinação voluntária à tradição. Deve esforçar-se para desenvolver um pensamento independente, ainda que temperado pela modéstia engendrada pelo conhecimento de nossas próprias limitações. Portanto, deve ser um de seus problemas fundamentais salvaguardar os jovens contra o perigo de serem colocados sob o domínio de uma única ideia dominante, que, por mais potente que seja, tem apenas uma aplicabilidade temporária e local. Em tal sujeição reside a influência retardadora da educação regulada por instituições religiosas; nisso reside o perigo da educação controlada pelo Estado e dos esforços para fazer com que as escolas se adaptem à opinião pública do momento.

Essa condição é particularmente clara no momento atual, quando o nacionalismo agressivo contra o internacionalismo é exigido como base do ensino nas escolas; ou quando os princípios governamentais atuais são estabelecidos como ideais a serem adorados, não compreendidos, como contra formas de governo do passado, ou contra aquelas que vemos surgir e que podem se tornar as formas do futuro.

Deveria ser uma das tarefas fundamentais da educação ensinar a próxima geração a examinar fria e desapaixonadamente os problemas que são passíveis de discussão racional, mas que são capazes de ser ofuscados por estarem acompanhados por intensos sentimentos emocionais. Pode ser que a supressão consciente da excitação emocional que é deliberadamente cultivada em nossas escolas torne menos fácil despertar a ação em massa, colocando em jogo aquelas ideias em torno das quais a excitação emocional se agrupa; mas contra essa perda de poder deve ser colocado o ganho obtido através da possibilidade de discussão e ação inteligentes.

Nas escolas controladas pela sociedade organizada, particularmente pelo Estado ou pela Igreja, o corpo dirigente é sempre responsável – se não obrigado – a escrutinar a ortodoxia do professor em todos os assuntos que pareçam exigir o desenvolvimento de uma devoção emocional irrefletida. Não importa se essa ortodoxia se relaciona a assuntos religiosos, políticos, econômicos ou àqueles pertencentes a outras manifestações da vida social. Em todos eles, exige-se que o professor seja incansavelmente dedicado aos princípios dogmáticos que controlam o corpo social – e quanto mais dedicado, mais forte o tom emocional do dogma.

O convencionalismo e a falta de independência das classes escolarizadas se devem em grande parte à sua sujeição a uma educação desse tipo. Durante vinte anos de educação formal, os jovens são mantidos sob esse controle emocional. Ela é reforçada pelo convencionalismo da sociedade em que eles se movem. Não é de se admirar que após esse tempo, eles não estejam mais conscientes do caráter dogmático de suas opiniões e considerem como verdade absoluta ideais que só são válidos se certas premissas forem aceitas.

Não se pode negar que é um belo espetáculo ver todo o povo imbuído da mesma ideia e desenvolvendo um amor tão entusiástico por ela que nenhum trabalho e nenhum sacrifício parecem grandes demais para alcançar sua realização; mas e se o ideal for baseado no erro, quando significa supressão da liberdade de pensamento e ação, e injustiça para aqueles que têm outros ideais? Não é mais seguro cultivar a liberdade de pensamento crítico e sacrificar o poder elementar da ação em massa à liberdade do indivíduo?

Se formos fiéis a nossa crença na liberdade individual, então não pode haver dúvidas quanto à nossa escolha. Devemos banir o dogmatismo emocional e nos esforçar para dar liberdade mental aos jovens. Por mais que tentemos, nunca será dado a todos pensar com clareza e se libertar de preconceitos determinados por preferências e aversões pessoais; mas ao tornar claro o caminho para a liberdade de pensamento, podemos ajudar os fortes a alcançar a liberdade, os fracos pelo menos a entender seu significado.

A política que será mais útil para atingir esses fins deve ser baseada na liberdade do professor de controlar suas opiniões, de modo que possa haver uma oportunidade para que os jovens possam receber impressões de diferentes pontos de vista. Essa liberdade é o único ar em que pode respirar o professor que ama seus deveres e que se dedica a sua grande e responsável missão. Para as "classes instruídas", será mais útil um ensino de História mais profundo, não do tipo destinado a exaltar um povo ou Estado em particular, mas aquele que tenta elucidar as ideias dominantes que determinaram as ações dos Estados, Igrejas e povos. Quanto mais amplo e diversificado for o campo de visão, mais clara será a compreensão inteligente da dependência de nosso modo de pensar em relação à tradição histórica, maior será a tolerância às formas estrangeiras de pensamento e mais lúcida será a mente a ser bombardeada pelo pensamento inteligente, e não pela paixão cega, pelos problemas que enfrentam nossa geração.

Liberdade no ensino

A verdadeira educação deve libertar as mentes dos jovens dos grilhões do conservadorismo irrefletido e da subordinação voluntária à tradição.

As revoluções em terras estrangeiras, com seu ataque cada vez maior aos valores culturais que adquirimos através de séculos de trabalho lento e árduo, e suas repercussões em nosso próprio país, nos tornaram todos conscientes da necessidade de uma defesa vigorosa de nossos ideais. Não estamos dispostos a abrir mão da liberdade individual pela servidão, a deixar o Estado se tornar um monstro que engole nossa hombridade e nos obriga a abrir mão de nossa integridade intelectual e moral pela vontade autoritária que não conhece nenhuma lei e que só pode prosperar mantendo as massas em constante perturbação, atacando um após o outro os ideais que se interpõem em seu caminho.

Não devemos confundir a liberdade intelectual e espiritual com as restrições necessárias de nossas atividades que são trazidas pela complexidade de nossa vida social. Em condições mais simples, o indivíduo tinha direito a ações que hoje colocariam em risco o bem-estar de seu concidadão. As atividades econômicas de uma pessoa podem pôr em perigo as próprias fontes de existência de seus concidadãos. Todos nós reconhecemos que existem problemas de ajuste social inimagináveis há cinquenta anos, que devem ser resolvidos para que nossa sociedade sobreviva. Não é provável que esses sejam resolvidos sem muita experimentação e muito sofrimento.

Intocado por esses problemas está o da liberdade intelectual e espiritual. Mesmo que nossas ações devam ser restringidas pelas exigências da sociedade, nossas mentes devem permanecer livres, simplesmente pela razão de que são necessárias mentes livres para a solução de nossos problemas.

A liberdade da mente pressupõe direitos iguais para todos, ou seja, uma organização democrática. Deve-se entender que a democracia por si só não garantirá a liberdade intelectual, pois uma democracia intolerante pode ser tão opressiva quanto um Estado autoritário. Não é assim uma democracia esclarecida, e é nosso dever ampliar essa liberdade de mente que desenvolverá uma democracia esclarecida.

Não é suficiente libertar o intelecto. Sabemos que, a menos que a vida emocional seja disciplinada pelo intelecto e o intelecto impulsionado pelo estímulo emocional, nossos esforços podem ser estéreis.

Devemos combater todas as tentativas de negar o direito das pessoas a expressarem livremente suas opiniões e de participar da escolha de seu governo; devemos resistir à disseminação de falsas teorias raciais que negam a igualdade dos direitos de origem da pessoa e as colocam umas contra as outras de acordo com a cor de sua pele ou o nome de seu avô; devemos insistir para que os nascidos no exterior recebam a mesma proteção das leis que a Constituição lhes garante, pois a violação de seus direitos é um trampolim para a destruição das imunidades legítimas de todas as pessoas.

Não basta trazer essas questões à atenção do público. É preciso tomar medidas construtivas para assegurar que as escolas sejam livres para incutir a democracia nos jovens.

Para que o professor cumpra satisfatoriamente sua missão, ele deve estar familiarizado com todas as correntes cruzadas de nossa vida social, a fim de preparar o jovem de cuja educação ele está encarregado para enfrentar adequadamente os múltiplos conflitos a que será exposto. A vida e os deveres exigentes do professor fazem com que ele se torne um tanto quanto isolado de muitas partes da comunidade. Normalmente, ele não está em contato próximo com o mundo dos negócios, com a manufatura, com a agricultura. Os aspectos de nossa complexa vida com os quais ele se familiariza por sua própria experiência dependem do caráter da comunidade em que vive e do ambiente familiar de seus alunos. Portanto, um esforço sistemático para aproximar todos os aspectos de nossa vida pública e a profissão docente parece eminentemente adequado. Convém também sublinhar o contributo que essa cooperação pode trazer para o desenvolvimento das nossas instituições democráticas, para a formação da liberdade intelectual e da força de caráter que permita à pessoa defender suas convicções e não ceder à tentação de se subordinar indevidamente à convenção.

Em geral, nossas escolas são administradas com base em princípios puramente autoritários. O Conselho de Administração ou Conselho de Educação controla o diretor. O diretor controla os chefes de departamento, os chefes de departamento controlam os professores. Este é com muita frequência o tipo de administração de grandes escolas, faculdades e até mesmo universidades, um sistema que impede um desenvolvimento saudável da liberdade intelectual e religiosa. Chegou-se à conclusão de que em muitas instituições a sujeição do professor foi tão longe que, se fosse dada ao corpo docente a oportunidade de decidir sobre questões de política, ele não saberia o que fazer.

Não quero ser mal interpretado. No desenvolvimento de nossos sistemas educacionais devemos muito à visão de nossos antepassados e à liberalidade dos benfeitores. Estamos muito felizes em reconhecer nossa obrigação para com eles. A necessidade de cuidar dos recursos que foram dados às escolas pelas comunidades ou por indivíduos fez com que os responsáveis por essa gerência assumissem também a função de dirigir as políticas da escola; ou subordinassem seu julgamento ao do presidente, superintendente ou diretor em quem confiam e que, a menos que seja uma pessoa de fortes convicções democráticas, acaba se tornando o chefe autoritário da escola.

É nosso dever nos expressar de forma clara e enfática e proclamar que esses métodos não são propícios ao avanço da liberdade intelectual sem a qual uma democracia e um governo representativo são inconcebíveis. Para que a democracia seja bem-sucedida, todo o nosso corpo político deve ficar impregnado da ideia de liberdade intelectual, e a organização de nosso governo, empresas e escola deve ser tal que a ação resulte da cooperação de seres livres que respeitam as opiniões e as necessidades uns dos outros.

Se essa é nossa opinião, podemos perguntar qual deve ser nossa política. Os grupos que favorecem o controle autoritário no sistema educacional são unidos, enquanto aqueles que liberalizariam as condições estão muitas vezes irremediavelmente divididos por questões que nada têm a ver com seu objetivo principal. Sempre me pareceu que, se concordo com uma pessoa em relação a um problema específico no qual desejamos cooperar, suas opiniões políticas, religiosas ou sociais em relação a outros assuntos são irrelevantes. Temos uma tarefa bem definida: desenvolver a eficiência de nossas escolas e proteger a profissão docente contra interferências injustificadas em seu trabalho. Não há razão para que diferenças políticas ou religiosas interfiram em nosso trabalho conjunto nesse campo em que concordamos em relação à questão principal. As diferenças de opinião em relação a outras questões não pertinentes a este campo devem ser combatidas nos campos a que pertencem. Concentrando nossa atenção nas principais questões de nosso programa e recusando firmemente a trazer outras questões, cresceremos em unidade e poder.

Sabemos por experiência que a posição do professor suspeito de radicalismo, muitas vezes até de tendências liberais, ou que discute as forças sociais que atuam em nosso tempo, é mais insegura por causa da timidez de seus superiores que não compreendem que os cidadãos livres, para exercer seus direitos cívicos de forma inteligente, devem conhecer os problemas que enfrentam nossa sociedade. Quem já ouviu falar da insegurança de um professor porque ele ignora todos os problemas sociais e leva os jovens sob sua responsabilidade a pensar que tudo está bem, e que tudo o que temos que fazer é pensar que se nossas instituições são estáveis não há nada com que se preocupar. Percebamos o quanto mudou o panorama social nos últimos trinta anos. A previdência social, que atualmente é reconhecida como uma necessidade fundamental, teria sido considerada um atentado intolerável à liberdade individual, pois nos primeiros tempos a escolaridade obrigatória era condenada como sendo contrária à liberdade individual. Insistiremos sempre no direito de educar nossa juventude para uma compreensão clara dos problemas de nosso tempo e, para isso, exigimos a mais completa liberdade para o professor. Estaremos preparados para defendê-lo contra todos os ataques, não importa de que lado eles venham. Se um partido radical tentasse nos conter da mesma forma que aqueles que não entendem que a sociedade está sempre mudando, eles nos achariam tão implacavelmente opostos como somos agora às forças que temem em cada palavra livre um perigo para o bem público.

A universidade: liberdade para ensinar

*O objetivo da educação deve ser a
preparação de mentes livres.*

Devido aos repetidos conflitos entre os integrantes do conselho diretor e o corpo docente das universidades, ouvimos muito sobre a necessidade de liberdade acadêmica no sentido de que o ensino e a pesquisa devem ser livres de interferências externas e que a liberdade pessoal dos membros das faculdades não deve ser restringida pelos conselhos diretores. Há outros aspectos do assunto que não têm recebido muita atenção, mas que são vitais para um desenvolvimento saudável da vida universitária. Os conselhos de diretores não são os únicos inimigos potenciais da liberdade do professor.

As próprias faculdades são constituídas de tal modo que os professores acadêmicos tendem a se considerar uma classe privilegiada em cujas mãos repousa o desenvolvimento do ensino universitário e o avanço da ciência. As universidades não podem ser a casa da *universitas litterarum*, do mundo do conhecimento, nem as faculdades corporações fechadas e a pesquisa e o ensino universitário um monopólio daqueles que obtiveram o reconhecimento por nomeação pelo conselho de administração de uma universidade estabelecida. As pessoas mais jovens dessa classe são geralmente nomeadas por recomendação do corpo docente, que, por esse meio, controla as características da próxima geração de professores e pesquisadores. Uma pessoa com conhecimentos que deseja transmitir, mas que está fora do círculo acadêmico, não tem oportunidade de alcançar estudantes acadêmicos. A limitação da utilidade provocada por essas condições é mais evidente em cidades com tamanho e características de Boston, Chicago ou Nova York. Nessas cidades vivem numerosos acadêmicos de alto desempenho, muitos dos quais gostariam de ter a oportunidade de formular os resultados de seus estudos. Todo estudante sério entende o benefício que ele próprio obtém por meio da oportunidade de apresentar o resultado de suas pesquisas de forma ordenada, o efeito esclarecedor de tal ensino para o professor, e o efeito estimulante que tem sobre o jovem estudante que tem o privilégio de ouvir tal exposição de trabalho original. A esses jovens deve ser dada a oportunidade de oferecer instrução avançada sempre que eles a desejarem. A universidade deve defender a liberdade de ensino de todos aqueles qualificados para ensinar.

Será objetado que tal política abriria as portas da universidade para excêntricos. Não acredito que esse perigo seja grande. Poderia ser facilmente evitado se, em cada ciência, existisse um comitê que pudesse conceder aos pesquisadores permissão para dar instrução universitária de acordo com o mérito de seu trabalho científico. Esse não deveria ser um comitê do corpo docente, porque o objetivo do plano seria fazer com que a admissão ao ensino fosse livre de controle docente e com que estivesse inteiramente na base do trabalho meritório. Na maioria das ciências existem sociedades que têm uma posição suficientemente elevada para que um comitê composto, digamos, de seus ex-presidentes possa aprovar os méritos de indivíduos; ou que comitês compostos por representantes de várias universidades possam desempenhar essa tarefa. Ambos os métodos minimizariam o perigo de que os interesses das universidades locais pudessem influenciar a decisão. Seria bom que o direito de vinculação a uma universidade pudesse ser conferido como uma honra, sem aplicação, meramente como um reconhecimento de trabalho que tenha alcançado certo padrão de excelência.

Tudo isso significa que nossas universidades devem tomar as medidas necessárias para abandonar seu isolamento e conceder a outras agências educacionais e científicas uma participação no controle de seus assuntos. Sem esses passos, nenhum progresso real é possível. Não podemos continuar a permitir que nossos programas educacionais sejam ditados por órgãos isolados de administradores e faculdades que necessariamente cuidam dos interesses de suas próprias instituições, sem qualquer tentativa de coordenação com o trabalho de outras instituições. Atualmente, esse método tem pressionado todo o nosso sistema quase ao ponto de ruptura.

O tipo de competitividade aqui defendido não é bem-vindo para muitos docentes que gostam de controlar o trabalho oferecido em seus departamentos. Em alguns casos pode haver o pavor de uma teoria ou opinião oposta, em outros o medo de distrair os estudantes do rumo de instrução que lhes foi proposto. Em outros casos ainda, o medo de perder alunos pela competição externa pode ter um papel importante. Nenhuma dessas objeções, no entanto, deve impedir a flexibilização do quadro acadêmico, pois o controle da opinião, a determinação rígida de um programa de estudo e os ciúmes dos professores concorrentes são todos igualmente opostos ao progresso.

A realização de um plano como o sugerido está sujeita a certas dificuldades financeiras. Nas ciências em que são necessários laboratórios ou outros aparelhos caros, podem ser necessários acréscimos aos equipamentos materiais. O instrutor voluntário deverá ter direito a uma remuneração, cujo valor dependeria do número de seus alunos, embora seja necessário fazer uma provisão para o número total de alunos no país que se dedicam à disciplina em questão. Se essa remuneração tivesse que ser providenciada pela universidade, poderia colocar um ônus adicional sobre seus ombros que já são severamente provados. Por outro lado, se fosse feita a tentativa de substituir parte do ensino de rotina necessário pelo ensino voluntário aqui defendido, o próprio objetivo da mudança seria frustrado. A força intelectual adicional não deveria ser utilizada para o trabalho de rotina e destinada para reduzir o quadro regular de professores da universidade, mas deveria ser rigidamente confinada ao tipo de ensino que o pesquisador individual pode escolher para si mesmo.

Por essa razão, acredito que um grande passo em frente poderia ser dado se um de nossos muitos ricos benfeitores da ciência estabelecesse um fundo para a remuneração de professores voluntários que deveriam ser admitidos de acordo com o princípio do mérito e cuja remuneração deveria ser determinada pelo êxito de seu trabalho. Parece provável que tal recurso seria o meio de dar à liberdade acadêmica um significado inteiramente novo. Isso derrubaria as barreiras sociais que são levantadas em torno do professor acadêmico, faria uma clara separação entre a realização científica e a posição social e, assim, promoveria o livre avanço da ciência, colocando em um nível de igualdade a profissão acadêmica e os pesquisadores que estão engajados em outras ocupações.

É necessária uma nova liberdade não apenas para ensinar, mas também para aprender. Costumamos falar de liberdade acadêmica como liberdade do professor, mas é necessária também uma maior liberdade acadêmica para o aluno. A tradição da faculdade e da escola, na qual o programa de estudo é cercado por inúmeras regras e regulamentos, ainda é controlada na universidade. Mesmo o estudante universitário, durante os últimos dois anos de trabalho, anseia por liberdade de estudar o que quer, não apenas o que uma faculdade que acredita saber melhor prescreve; mais ou menos como ele gostaria, não a quantidade que uma faculdade considera sensata. Essa restrição da liberdade do aluno é provocada, pelo menos em parte, pela rígida organização administrativa dos departamentos de ensino. Embora, em teoria, esses sejam concebidos como divisões puramente administrativas, muitas vezes funcionam na realidade como escolas separadas que impedem o aluno de olhar além dos estreitos muros que são construídos ao seu redor. Seria injusto cobrar apenas da universidade essa restrição de liberdade; isso se deve também em grande parte à atitude do próprio aluno, que não está pronto para afirmar sua própria vontade e escolha. No entanto, continua sendo verdade que a organização departamental das faculdades é um entrave à liberdade do estudante. Laboratórios e seminários bem organizados requerem controle administrativo, mas isso não inclui a prescrição de uma grade de estudo detalhada.

Uma das causas mais potentes da restrição da liberdade na vida acadêmica é o fato de que a universidade não apenas prepara os pesquisadores e certifica por seu diploma que um estudante é capaz de conduzir pesquisas científicas, mas que o diploma universitário é também, em grande medida, um certificado profissional. O exercício de uma profissão requer uma base de conhecimento definido, enquanto o domínio do método de pesquisa é de menor importância. O diploma universitário deve ser baseado no domínio de um método de pesquisa que pressupõe um conhecimento de fatos básicos, não de acordo com as necessidades de uma profissão, mas de acordo com as necessidades da pesquisa. Quanto mais nitidamente esses dois objetos puderem ser separados, melhor a universidade desempenhará sua tarefa e mais livre será o estudante em seu campo de trabalho.

Educação (I)

> *Em um grande sistema educacional, as observações sobre a idade fisiológica também serão úteis para atribuir às crianças um pouco mais adequadamente as notas nas quais elas se encaixam.*

Ao pesquisar as características físicas da humanidade, os antropólogos não se limitam ao estudo do adulto. Eles pesquisam também o crescimento e o desenvolvimento da criança. Eles registram o aumento do tamanho do corpo e de seus órgãos, as mudanças na reação fisiológica e no comportamento mental. Os resultados desses estudos são estabelecidos em certas normas características de cada idade e de cada grupo social ou racial.

Fisiológica e psicologicamente, a criança não funciona da mesma forma que o adulto, o homem não funciona da mesma forma que a mulher. A pesquisa antropológica oferece, portanto, um meio de determinar o que pode ser esperado de crianças de diferentes idades, e esse conhecimento é de considerável valor para a regulação dos métodos educacionais.

Desse ponto de vista, Maria Montessori desenvolveu uma Antropologia pedagógica e muitos educadores se ocupam de pesquisas sobre a forma e a função do corpo durante a infância e a adolescência, na esperança de desenvolver padrões pelos quais possamos regular nossas demandas sobre os desempenhos fisiológicos e mentais da criança. Mais do que isso, muitos educadores esperam poder colocar cada criança em sua posição adequada e prever o curso de seu desenvolvimento.

As pesquisas antropológicas de uma classe etária, digamos de crianças de 8 anos, mostram, para um grupo social e racial selecionado, uma certa distribuição de estatura, peso, tamanho da cabeça, desenvolvimento do esqueleto, condição dos dentes, tamanho dos órgãos internos e assim por diante. As crianças representadas no grupo não são de forma alguma iguais, mas cada série de observações mostra a maioria dos indivíduos variando próximo a um determinado valor e poucos exibindo valores de medidas distantes de um valor médio. Se as estaturas de meninos de 8 anos variam em torno de 49 polegadas, então o número daqueles que são 1, 2, 3 polegadas mais altos ou mais baixos que esse valor será tanto menor quanto maior for o excesso ou deficiência de estatura. Já vimos antes, em nossa consideração das raças, que é um erro considerar o valor médio como a norma. Devemos definir o tipo pelas distribuições das várias medidas de toda a série de indivíduos incluídos em nossa classe etária.

Há duas causas que provocam variações na estatura ou outras características das crianças em crescimento. A taxa de crescimento é determinada, por um lado, pela hereditariedade; por outro, é fortemente influenciada por condições externas de aceleração ou retardamento, tais como alimentação mais ou menos adequada, a incidência de doenças e a quantidade de ar puro e sol de que a criança usufrui.

Quando se comparam meninos de diferentes idades – por exemplo, crianças de 7 e 9 anos com aquelas de 8 anos das quais falamos há pouco –, verifica-se que a gama de formas nesses três anos adjacentes é tão ampla que se encontram muitos tamanhos que pertencem a qualquer uma das três classes etárias. Isso é verdade não apenas para a estatura, mas para todas as outras medidas, não importa se estamos tratando de valores anatômicos ou funcionais. Isso apenas expressa a observação comum de que o desenvolvimento físico de uma criança e seu comportamento não nos permitem dar uma estimativa correta de sua idade.

As razões para as diferenças entre as crianças são bastante variadas. A forma e o tamanho do corpo e seu funcionamento dependem da hereditariedade. Crianças de uma família alta tendem a ser altas; crianças de uma família de constituição robusta são susceptíveis de desenvolver formas corporais do mesmo tipo. A base física para a semelhança de função também é determinada pela hereditariedade.

Outra causa de diferenças é encontrada em diferentes condições ambientais. Alimentos, sol, qualidade do ar, doenças acidentais ou ausência de doenças são elementos contribuintes importantes.

As diferenças na taxa de desenvolvimento podem ser devidas à constituição hereditária ou às condições ambientais. Estas últimas são de particular importância na aplicação de padrões antropológicos a problemas educacionais. Se pudéssemos determinar se uma criança é retardada ou acelerada em seu desenvolvimento, e se conhecêssemos os padrões para cada idade, as exigências a serem feitas à criança poderiam ser reguladas de acordo.

A taxa de desenvolvimento do indivíduo é expressa principalmente pelo aparecimento de mudanças fisiológicas definidas. Em um grupo da mesma descendência, presumivelmente, há uma ordem definida em que as mudanças fisiológicas ocorrem e os desvios dessa ordem podem ser interpretados como atrasos ou acelerações. Observamos as idades em que ocorrem certas mudanças no corpo e nas funções dos órgãos. A duração do período de gestação; o primeiro aparecimento de dentes; o aparecimento de centros de ossificação no esqueleto; a união de ossos separados, como as hastes e extremidades dos ossos longos, dedos das mãos e dos pés; a maturidade sexual; o aparecimento dos dentes do siso são indicações de que, fisiologicamente falando, as respectivas partes do corpo atingiram certo estado definitivo de desenvolvimento.

O tempo de ocorrência de tais fenômenos tem sido estudado até determinado ponto, embora ainda não adequadamente. As observações mostram que, em todas as idades, o momento em que esses estágios são alcançados varia materialmente em diferentes indivíduos, e quanto mais tarde na vida, mais se desenvolve o estágio particular. Na verdade, o grau de variação, mesmo na infância, é surpreendente. Embora o período de gestação varie em apenas em alguns dias, o primeiro aparecimento dos primeiros dentes varia por muitas semanas. O tempo de perda dos dentes decíduos difere em meses e o período em que a maturidade é atingida difere em anos. Essa variabilidade de idade na qual as condições fisiológicas definitivas são atingidas continua a aumentar na vida posterior. Os sinais de senilidade, como cabelos grisalhos, o climatério, o achatamento da lente do olho, o endurecimento das artérias, aparecem em diferentes indivíduos com muitos anos de diferença. Falamos, portanto, de uma idade fisiológica de um indivíduo em contraste com sua idade cronológica. Se a idade normal em que aparecem os incisivos internos permanentes dos meninos é sete anos e meio, então um menino de seis anos cujos incisivos internos estão em erupção tem, fisiologicamente falando, sete anos e meio, ou sua aceleração fisiológica equivale a um ano e meio, no que diz respeito ao desenvolvimento dentário.

Se o corpo inteiro e suas funções fisiológicas e mentais estivessem se desenvolvendo como uma unidade, teríamos um excelente meio de colocar cada indivíduo de acordo com seu estágio de desenvolvimento. Infelizmente, esse não é o caso e uma tentativa de usar uma única característica para a determinação da idade fisiológica de um indivíduo geralmente falhará. O esqueleto, os dentes e os órgãos internos, embora sejam influenciados pelo estado geral de desenvolvimento do corpo, exibem ao mesmo tempo um grau considerável de independência que pode ser devido a causas hereditárias ou externas.

A inter-relação entre o estado de desenvolvimento de partes do corpo não é conhecida em detalhes. Sabemos que, em geral, o tamanho e a idade fisiológica estão relacionados. As crianças adolescentes são mais altas e mais pesadas, em todos os aspectos maiores do que as crianças da mesma idade que ainda não mostram sinais de aproximação da adolescência. O desenvolvimento do esqueleto está correlacionado com o tamanho, pois entre as crianças da mesma idade os ossos longos das mais altas se aproximam mais dos estágios de maturidade do que os das mais baixas. Em um grupo social e racialmente homogêneo, as crianças cujos dentes permanentes irrompem precocemente também são mais altas, em média, do que aquelas cujos dentes permanentes irrompem tardiamente.

A mesma inter-relação é expressa no crescimento de crianças pertencentes a diferentes classes sociais. A rapidez do desenvolvimento do corpo está intimamente relacionada com a situação econômica da família. Os filhos de pais abastados, que gostam de muita comida, exercício, ar puro e sol, se desenvolvem mais rapidamente do que os filhos dos pobres.

Observações na Rússia, Itália, América e em outros países indicam que o momento em que um certo estágio fisiológico é alcançado é mais cedo nos ricos do que nos pobres. Portanto, todas as medidas corporais das crianças dos ricos são maiores do que as dos pobres da mesma idade e as diferenças entre os dois grupos são maiores quando o crescimento é mais rápido e as mudanças do estado fisiológico são mais pronunciadas. Isso acontece durante a adolescência. Mais tarde, quando cessa o crescimento, os ricos ficam estagnados, enquanto os pobres continuam a crescer, de modo que a diferença entre os grupos diminui, embora nunca desapareça completamente.

Tudo isso indica que existe uma correlação entre o crescimento das diferentes partes do corpo. Ainda assim, essas relações estão sujeitas a muitos distúrbios. Isso foi observado particularmente no que diz respeito aos dentes. Os pobres, cujo desenvolvimento geral é retardado, perdem seus dentes decíduos mais cedo do que os ricos – presumivelmente, devido ao maior cuidado com que são tratados os dentes decíduos das crianças das classes mais abastadas. Seus dentes decíduos são cuidadosamente preservados, enquanto os dos pobres frequentemente se deterioram e são perdidos. Portanto, o estímulo para o desenvolvimento precoce dos dentes permanentes devido à perda dos dentes decíduos correspondentes não ocorre entre os abastados.

Mais importantes do que as relações puramente anatômicas são aquelas entre as funções do corpo e o estado de desenvolvimento corporal. Temos boas evidências de que essas também estão relacionadas. Quando classificamos as crianças da mesma idade de acordo com sua situação escolar, descobrimos que as das séries superiores são muito maiores em todos os aspectos do que as das séries inferiores. Também descobrimos que, em relação ao estado fisiológico, elas são mais avançadas do que as crianças com retardo escolar. Embora essa prova não seja muito satisfatória, uma vez que o avanço na escola também dependerá do aparente desenvolvimento corporal das crianças, ela indica uma relação bastante interessante entre o funcionamento geral do corpo e a maturidade.

Uma comparação entre os dois gêneros a partir desses pontos de vista mostra que todos os estágios fisiológicos pesquisados ocorrem mais cedo nas meninas do que nos meninos. A diferença no tempo é, a princípio, mínima. Os primeiros estágios de desenvolvimento do esqueleto observados durante os primeiros anos de vida indicam uma diferença de alguns meses em favor das meninas. Na época da adolescência, o desenvolvimento fisiológico das meninas precede o dos meninos em mais de dois anos.

Essa diferença é importante. Durante os primeiros anos da infância, o desenvolvimento aparente de meninas e meninos, expresso por sua estatura e peso, é quase o mesmo. A partir dessa observação, infere-se que na primeira infância as diferenças de gênero em tamanho e forma do esqueleto, músculos e assim por diante, são insignificantes, não obstante sua importância na vida posterior. Se compararmos, entretanto, meninos e meninas no mesmo estágio de desenvolvimento fisiológico, sua relação aparece de forma bem diferente. Se uma menina de 7 anos está no mesmo estágio de desenvolvimento fisiológico que um menino de 8 anos, devemos comparar o volume do corpo nesses estágios, e não na mesma idade cronológica. O menino de 8 anos é consideravelmente mais alto e mais pesado do que a menina de 7 anos. Em outras palavras, no mesmo estágio de desenvolvimento fisiológico existe a relação de tamanho, característica dos gêneros na vida adulta.

A exatidão dessa interpretação é comprovada pelas medidas das partes do corpo que crescem lentamente. Assim, na média, a cabeça das meninas é sempre menor do que a dos meninos da mesma idade. Nesse caso, a proporção real das medidas nos dois gêneros não é obscurecida porque o incremento do tamanho correspondente à quantidade de aceleração fisiológica da menina é pequeno em comparação com a quantidade real da diferença de gênero; e no caso de peso e estatura, o incremento correspondente é tão grande que obscurece a diferença típica de gênero. A diferença de gênero no comprimento da cabeça, medida da testa ao occipício, é de cerca de oito milímetros em favor dos homens. O incremento total devido ao crescimento das meninas que podem estar em seu desenvolvimento fisiológico dois anos à frente dos meninos não chega a ser superior a três milímetros. Uma diferença de cinco milímetros entre os gêneros permanece mesmo durante este período. As mesmas relações aparecem na espessura de crescimento lento dos ossos longos, que apresentam as mesmas diferenças de gênero na infância e na vida adulta.

Essas observações são importantes porque enfatizam a existência, na infância, de diferenças sexuais em muitas partes do corpo. Elas sugerem a questão adicional de até que ponto as diferenças anatômicas são acompanhadas por diferenças fisiológicas e psicológicas.

O que é verdade para as medidas físicas é igualmente verdade para as observações mentais: os poderes das crianças aumentam rapidamente com o aumento da idade. O poder crescente de atenção, de resistência à fadiga, o aumento gradual do conhecimento e as mudanças na forma de pensamento têm sido estudados.

O valor prático de todas essas pesquisas é que elas nos fornecem os meios de estabelecer um padrão de exigências que podem ser feitas a meninos e meninas de várias idades e pertencentes a uma determinada sociedade. Particularmente em um sistema educacional de uma grande cidade, o conhecimento assim adquirido é útil para o planejamento do currículo geral.

Em um grande sistema educacional, as observações sobre a idade fisiológica também serão úteis para atribuir às crianças um pouco mais adequadamente as notas nas quais elas se encaixam. É provável que as crianças do mesmo estágio de desenvolvimento fisiológico trabalhem juntas de forma mais vantajosa do que as crianças da mesma idade cronológica.

A existência de características sexuais secundárias e a diferença entre os gêneros na maturidade funcional devem ser consideradas no problema da coeducação. Durante o período da adolescência, o desenvolvimento fisiológico de meninos e meninas das mesmas idades é tão diferente que a educação conjunta parece de valor duvidoso. Provavelmente, seria vantajoso manter contato entre meninos e meninas de igual maturidade. O plano detalhado de instrução deve considerar as diferenças entre meninos e meninas.

Não sabemos muito sobre as diferenças na taxa de desenvolvimento determinada pela hereditariedade, mas não é improvável que elas existam.

Uma comparação de algumas crianças judias abastadas, em Nova York, e crianças do noroeste europeu, em Newark, mostra um crescimento um pouco mais rápido dos meninos judeus enquanto são novos. Com a aproximação da adolescência, o crescimento dos meninos judeus diminui, enquanto os europeus do noroeste continuam a crescer vigorosamente. O efeito é que as estaturas dos adultos são bastante distintas. Entre crianças de grupos sociais semelhantes, a maturidade ocorre ao mesmo tempo entre crianças judias e não judias. Não há nenhuma indicação de que o modo de vida seja essencialmente diferente. A mesma relação é encontrada em uma comparação entre os hebreus pobres e a massa de crianças das escolas públicas americanas. Aqui também os meninos coincidem em sua estatura até o décimo quinto ano. Depois segue um período de rápido crescimento para os meninos das escolas públicas e de crescimento retardado para os judeus.

Outras diferenças têm sido observadas no crescimento de indígenas e mestiços. Quando crianças, os primeiros parecem ser mais altos do que os mestiços, ao passo que quando adultos, os mestiços são mais altos que os indígenas. Também foi demonstrado que o aumento do tamanho da cabeça difere em diferentes grupos raciais. Os dados disponíveis no momento ainda são muito imperfeitos.

Não é de forma alguma certo que essas diferenças não se devam tanto às condições ambientais quanto às hereditárias. Tudo o que sabemos com certeza é que, quando as formas adultas de duas raças variam materialmente, o curso do crescimento também é diferente.

É provável que os períodos característicos, quando ocorrem mudanças fisiológicas, também possam diferir entre as diferentes raças. A influência das condições externas sobre esses fenômenos é tão grande que nada de certo pode ser dito. Não se pode duvidar do valor do conhecimento desses fenômenos para os problemas educacionais.

Os educadores não estão satisfeitos com o resultado geral aqui delineado. Eles desejam determinar a posição exata de cada indivíduo a fim de atribuir a ele o seu lugar adequado. Isso é mais do que o método antropológico consegue realizar. Embora possa ser segregado um grupo de crianças que se encontra aproximadamente no mesmo estágio de desenvolvimento fisiológico, os indivíduos não serão uniformes. Isso pode ser ilustrado por alguns exemplos.

As crianças mal nutridas são, em geral, menores e mais leves do que aquelas bem nutridas. É, portanto, provável que as crianças pequenas e leves de uma certa idade incluam mais indivíduos subnutridos do que as crianças altas e pesadas. A subnutrição também tornará as crianças de uma determinada idade deficientes em peso em comparação com sua estatura. Pode-se então esperar que aqueles que são pequenos e leves em proporção ao seu tamanho sejam mais frequentemente subnutridos do que aqueles que apresentam as características opostas.

De acordo com esse método, ao qual podem ser acrescentadas algumas outras características, as crianças subnutridas foram segregadas e receberam uma alimentação melhor para que pudessem alcançar o padrão.

Não é difícil provar que esses critérios não são adequados e que podem ser esperados erros. As crianças diferem na constituição física pela hereditariedade. Algumas são altas com ossos pesados, outras pequenas com um esqueleto leve. Elas podem ser perfeitamente saudáveis e bem nutridas e ainda assim aparecerão na classe "subnutridas". Outras podem ter sido retardadas em seu desenvolvimento inicial por doenças e podem ser muito pequenas e muito leves. Se examinarmos cada indivíduo cuidadosamente em relação à aparência da pele e dos músculos e qualquer indicação de subnutrição que possa ser encontrada, na verdade encontramos uma falta de concordância entre o grupo realmente subnutrido e aquele segregado de acordo com métodos estatísticos. O grupo contém tantos indivíduos altos e pesados, de onde se conclui que uma seleção toleravelmente rigorosa dos subnutridos não pode ser feita por tais meios. Mesmo se considerarmos os alimentos que são dados a cada indivíduo e incluirmos este critério em nossa seleção, não teremos muito melhor sucesso, pois há aqueles que estão bem alimentados, mas cujo sistema digestivo está em falha e que não podem fazer uso adequado de seus alimentos.

A seleção fará com que um maior número de indivíduos subnutridos esteja na classe segregada, mas não seria correto afirmar que, sendo assim, todos os subnutridos foram encontrados, nem que todos os segregados estão realmente subnutridos. A pesquisa individual não pode ser dispensada.

As mesmas condições prevalecem em relação a outras características. Se a criança for de baixa estatura, isso pode depender da hereditariedade, do retardo ou de condições precoces desfavoráveis que, no entanto, podem ter sido completamente superadas.

Mesmo quando o atraso pode ser comprovado por provas fisiológicas diretas, isso não significa que a criança deva pertencer mentalmente à classe etária assim indicada, pois as condições de controle do funcionamento fisiológico e psicológico não são, de forma alguma, determinadas exclusivamente pela idade fisiológica. O caráter hereditário e as causas ambientais totalmente independentes do elemento tempo não são menos importantes. Um grupo de crianças exatamente no mesmo estágio de desenvolvimento fisiológico determinado pelos poucos testes disponíveis diferem consideravelmente entre si. Suas reações podem ser rápidas ou lentas, seus sentidos podem ser agudos ou enfraquecidos, sua experiência pode ser tão variada de acordo com o ambiente familiar e o modo geral de vida pode ser uma considerável variação na adaptabilidade às exigências educacionais.

Não importa que tipo de medidas, experimentos e testes sejam pretendidos, sua relação com a personalidade real é sempre indireta. Sem o estudo detalhado do indivíduo, um tratamento pedagógico adequado é inalcançável.

O que é verdade para um grupo não pode ser aplicado a um indivíduo.

Vê-se que isso concorda com nosso julgamento a respeito da importância das características raciais. Estamos aptos a considerar como características do grupo aqueles traços ou medidas em torno das quais se agrupa a grande massa de indivíduos. Acreditamos que esse é o tipo com o qual todos se conformam. Ao fazê-lo, esquecemos que uma ampla gama de variações é característica de cada grupo e que um número considerável de indivíduos se desvia amplamente do "tipo" e que, no entanto, esses pertencem ao mesmo grupo. Por essa razão, o padrão do grupo não pode ser aplicado a todos os indivíduos. Se, por razões práticas, como na educação, se deseja formar um grupo homogêneo, os indivíduos componentes devem ser selecionados entre diferentes grupos de acordo com as características que parecem ser importantes.

Há casos em que, por razões de eficiência, o agrupamento antropológico pode ser utilizado. Quando é necessário selecionar grandes números de uma população, como, por exemplo, para alistamento durante o *front* de batalha, é útil saber que os indivíduos de uma constituição corporal desfavorável não são, em geral, capazes de suportar a tensão da vida do exército. Pessoas muito altas, magras e com tórax ligeiramente profundo são desse tipo. Quanto mais plano for o tórax, mais eles serão incapazes de atender às exigências de força e resistência física. Será então mais econômico descartar toda a classe em vez de aproveitar os poucos que poderão ser úteis.

Considerações semelhantes são válidas na seleção de trabalhadores para os empregadores que classificam o trabalhador não como uma pessoa, mas somente de acordo com seu valor monetário, porque a rotatividade do trabalho será menos rápida se os indivíduos adaptáveis forem numerosos na classe a partir da qual a seleção é feita.

Os educadores estão interessados em outro problema. É desejável prever o desenvolvimento de um indivíduo. Se uma criança tem dificuldades para aprender, ela continuará a ser uma tola ou poderá ser dado um prognóstico melhor; ou se uma criança for subdesenvolvida, ela continuará a ser franzina?

A resposta pode ser dada ao menos para o lado físico dessa questão. Temos acompanhado um número considerável de crianças desde o início do crescimento. Um grupo de crianças de baixa estatura está sujeito a crescer menos do que as crianças altas da mesma idade. Durante a adolescência, um grupo de crianças altas crescerá menos do que um grupo de crianças baixas da mesma idade. Essa última condição expressa claramente que as crianças baixas são em geral fisiologicamente mais jovens do que as altas e, portanto, ainda estão crescendo enquanto as mais altas estão quase maduras. Também pode ser demonstrado que as crianças de certa estatura em determinada idade, com crescimento acelerado, pertencem por hereditariedade a um tipo mais baixo do que aquelas do mesmo grupo que são atrasadas. Para um grupo inteiro é possível prever a taxa média de crescimento, se em um determinado momento o tamanho e a quantidade de aceleração ou retardo forem conhecidos. No entanto, esses resultados não são significativos para o indivíduo. As causas pelas quais todo o curso do crescimento é controlado são muito variadas, os acidentes que o influenciam não podem ser previstos. É verdade que o curso do desenvolvimento sem perturbações depende do caráter hereditário do indivíduo, mas a variação das condições ambientais perturba esse quadro.

O que é verdade sobre o crescimento do corpo é muito mais verdadeiro para suas funções, particularmente para o funcionamento mental. Uma previsão do desenvolvimento futuro de um indivíduo comum não pode ser feita com qualquer grau de segurança.

A Antropologia lança luz sobre um problema totalmente diferente da educação. Já discutimos antes as causas que contribuem para a estabilidade cultural e descobrimos que as ações automáticas baseadas nos hábitos da primeira infância são as mais estáveis. Quanto mais firmes são os hábitos incutidos na criança, quanto menos elas estiverem sujeitas ao raciocínio, mais forte será o seu apelo emocional. Se quisermos educar as crianças para uma ação de massa desarrazoada, devemos cultivar determinados hábitos de ação e pensamento. Se desejarmos educá-las para a liberdade intelectual e emocional, devemos ter cuidado para que nenhuma ação irracional se apodere delas de modo que uma séria luta esteja envolvida na tentativa de rejeitá-las.

As formas habituais de pensamento das tribos primitivas nos mostram claramente como um indivíduo que é cercado por todos os lados por reações automáticas pode acreditar que é livre. Os esquimós apresentam um excelente exemplo dessas condições. Em sua vida social, eles são extremamente individualistas. O grupo social tem tão pouca coesão que dificilmente temos o direito de falar de tribos. Várias famílias se reúnem e vivem na mesma aldeia, mas nada impede que uma delas viva e se instale em outro lugar com outras famílias que conheça. Na verdade, durante um período da vida as famílias que constituem uma aldeia esquimó estão se deslocando; e embora depois de muitos anos eles geralmente retornem aos lugares onde vivem seus parentes, a família pode ter pertencido a muitas comunidades diferentes. Não há autoridade investida em qualquer indivíduo, nem chefia, e nenhum método pelo qual as ordens, se fossem dadas, poderiam ser cumpridas. Em suma, no que diz respeito às relações humanas, temos uma condição de anarquia quase absoluta. Podemos, portanto, dizer que cada pessoa dentro dos limites de sua própria capacidade mental e competência física é inteiramente livre para determinar seu próprio modo de vida e seu próprio modo de pensar.

No entanto, é fácil ver que existem inúmeras restrições que determinam seu comportamento. O menino esquimó aprende a manusear a faca, a usar arco e flecha, a caçar, a construir uma casa; a menina aprende a costurar, a consertar roupas e a cozinhar; e durante toda sua vida eles aplicam os métodos aprendidos na infância. As novas invenções são raras e toda a vida industrial do povo corre nos meios tradicionais.

O que é verdadeiro em relação a suas atividades industriais não é menos verdadeiro em relação a seus pensamentos. Certas ideias religiosas lhes foram transmitidas, noções de certo e errado, diversões e prazeres de certos tipos de arte. Não é provável que ocorra qualquer desvio em relação a elas. Ao mesmo tempo, e uma vez que todas as formas estranhas de comportamento são desconhecidas para eles, nunca passou em suas mentes que qualquer forma diferente de pensar e agir seria possível, e eles se consideram perfeitamente livres em relação a todas as suas ações.

Com base em nossa experiência mais ampla e diferente, sabemos que os problemas industriais dos esquimós podem ser resolvidos de muitas outras maneiras e que suas tradições religiosas e costumes sociais podem ser bem diferentes do que são. Do ponto de vista externo, objetivo, vemos claramente as restrições que prendem o indivíduo que se considera livre.

Não é difícil ver que as mesmas condições prevalecem entre nós. Famílias e escolas que cultivam assiduamente os princípios de uma fé religiosa e de um cerimonial religioso e os cercam com um halo emocional suscitam, em geral, uma geração que segue o mesmo caminho. O catolicismo da Itália, o protestantismo da Escandinávia e da Alemanha, o maometismo da Turquia, o judaísmo ortodoxo são inteligíveis apenas com base na falta de liberdade de pensamento devido à força da reação automática às impressões recebidas na primeira infância que excluem todos os novos pontos de vista. Na maioria dos indivíduos que crescem nessas condições, um novo e distinto ponto de vista não é trazido à tona com vigor suficiente para deixar claro que o seu não é escolhido livremente, mas imposto a eles; e se ideias estranhas são apresentadas, o apelo emocional dos pensamentos que fazem parte de sua natureza é suficiente para tornar aceitável qualquer racionalização da atitude habitual, exceto para aqueles de intelecto e caráter fortes. Para dizer o mínimo, o cultivo de atitudes religiosas formais na família e na escola torna difícil a liberdade religiosa.

O que vale para a religião vale igualmente para a subserviência a qualquer outro tipo de comportamento social. Apenas de modo limitado a distribuição dos partidos políticos pode ser compreendida por considerações econômicas. Muitas vezes a filiação partidária é gerada nos jovens da mesma forma que a filiação denominacional. Isso é certamente verdade em muitas partes da América. É igualmente verdade entre uma grande parte das antigas classes privilegiadas da Europa e entre parte da campesinato europeu. Em outros casos, surgem combinações peculiares de ideias antigas e novas tendências baseadas em condições sociais ou econômicas alteradas, tais como partidos confessionais ou nacionalmente conservadores e socialmente radicais. Sem a força da origem tradicional nacionalista ou religiosa, dificilmente podem ser compreendidos.

Com o esmorecimento da energia com que ideias muito definidas são inculcadas nos jovens e a familiaridade com muitas formas variáveis, desenvolve-se a liberdade de escolha. O enfraquecimento da valorização do dogma e a disseminação de informações científicas teve como resultado a perda de coesão das igrejas protestantes.

Os métodos de educação escolhidos dependem de nossos ideais. O Estado imperialista que luta pelo poder e pela ação de massa quer cidadãos que sejam um em pensamento, um em ser, influenciados pelos mesmos símbolos. A democracia exige a liberdade individual dos grilhões dos símbolos sociais. Nossas escolas públicas dificilmente estão conscientes do conflito dessas ideias. Elas instilam reações automáticas aos símbolos por meio de cerimônias patrióticas, em muitos casos por apelo religioso indireto e, com demasiada frequência, por meio da reação ao exemplo do professor que é imitado. Ao mesmo tempo, elas devem desenvolver a mente e o caráter de cada criança. Não é de se admirar que falhem em uma ou outra direção, geralmente na educação para a liberdade de pensamento, ou que criem conflitos na mente dos jovens, conflitos entre as atitudes automáticas que são cuidadosamente nutridas e os ensinamentos que devem contribuir para a liberdade individual.

Pode-se questionar se as crises que são tão características da vida adolescente em nossa civilização e que os educadores assumem ser organicamente determinadas, não se devem em parte a esses conflitos, em parte às restrições sexuais artificiais exigidas por nossa sociedade. Estamos muito facilmente inclinados a atribuir às causas fisiológicas aquelas dificuldades que são provocadas por interferências culturais com as exigências fisiológicas do corpo. É necessário que as crises e lutas características da vida individual em nossa sociedade sejam pesquisadas em sociedades nas quais nossas restrições não existem enquanto outras podem estar presentes, antes de assumirmos prontamente que essas são inerentes à "natureza humana".

A séria luta mental induzida pelo conflito entre reação instintiva e ética social tradicional é ilustrada por um caso de suicídio entre os esquimós. Uma família havia perdido um filho no outono e, de acordo com o costume, as velhas roupas de pele tiveram que ser jogadas fora. As peles eram escassas naquele ano e uma segunda morte na família teria levado ao desastre para todos os seus membros. Isso induziu a velha e fraca avó, uma mulher que eu conhecia bem, a vaguear uma noite e se expor, em um nicho de rocha, à morte por congelamento, longe de seus filhos e netos, para evitar sua contaminação pelo contato com um cadáver. No entanto, foi sentida sua falta, ela foi encontrada e trazida de volta. Porém, ela escapou uma segunda vez e morreu antes de ser encontrada.

Outro caso é apresentado pelos chuckchee da Sibéria. Eles acreditam que cada pessoa viverá na vida futura na mesma condição em que se encontra no momento da morte. Como consequência, um velho que começa a ficar decrépito deseja morrer, de modo a evitar a vida como um inválido no futuro sem fim; tornando-se dever de seu filho matá-lo. O filho acredita na retidão do pedido de seu pai. Ao mesmo tempo, ele sente amor filial por seu pai – talvez melhor, por um membro respeitado da pequena comunidade à qual ele próprio pertence – e surge um conflito entre o amor obediente e os costumes tradicionais da tribo. Geralmente, o comportamento habitual é obedecido, mas não sem conflitos severos.

Um exemplo instrutivo da ausência de dificuldades na vida dos adolescentes e da ocorrência de outras é encontrado nos estudos da Dra. Margaret Mead sobre os adolescentes de Samoa. Com a liberdade da vida sexual, a ausência de um grande número de ideais conflitantes e uma atitude de facilidade em relação à vida, a crise adolescente desaparece, enquanto novas dificuldades surgem em um período posterior, quando as complexidades da vida conjugal se desenvolvem. Um exemplo semelhante é apresentado na vida de uma de nossas tribos indígenas do sudoeste, os Zuñi, entre os quais, segundo a Dra. Ruth L. Bunzel, a supressão da ambição, o desejo de ser como o próximo e de evitar toda a proeminência são cultivados. Eles levam a uma atitude impessoal peculiar e a um tal grau de formalismo que as crises individuais são praticamente suprimidas.

Em uma sociedade estável, não encontramos com frequência aquele conflito entre gerações que vem sendo lamentado há séculos pelos mais velhos que enaltecem os ideais e costumes de sua juventude. Aparentemente, esse conflito é mais agudo agora do que em tempos anteriores. Se isso é verdade, é devido talvez à maior rapidez da mudança cultural de nossos tempos. É em particular acentuado quando os pais são educados numa cultura radicalmente diferente daquela em que seus filhos crescem. Na América, isso acontece com grande frequência entre os imigrantes criados em regiões conservadoras e rurais da Europa, enquanto seus filhos crescem em cidades americanas e são educados em escolas americanas. Numa cultura estável e homogênea, a juventude licenciosa pode, às vezes, levar a conflitos de caráter diferente entre velhos e jovens.

Não sabemos o suficiente sobre essas questões, mas nosso conhecimento antropológico justifica as mais sérias dúvidas quanto à determinação fisiológica ou à necessidade de ocorrência de muitas das crises e conflitos que caracterizam a vida individual em nossa civilização. Um estudo aprofundado de situações análogas em culturas estrangeiras muito contribuirá para esclarecer esse problema que é de fundamental importância para a teoria da educação.

É uma questão de saber se as dúvidas que afligem o indivíduo em tal período são benéficas ou um obstáculo. A seriedade do conflito é certamente indesejável e uma transição mais fácil será facilitada pela diminuição da intensidade do apego à situação contra a qual ele é levado a se rebelar.

A falta de liberdade em nosso comportamento não se limita aos incultos, ela prevalece nos pensamentos e ações de todas as classes da sociedade.

Quando tentamos formar nossas opiniões de maneira intelectual, estamos inclinados a aceitar o julgamento daqueles que, por sua educação e ocupação, são compelidos a lidar com as questões em pauta. Presumimos que suas opiniões devam ser racionais e baseadas em uma compreensão intelectual dos problemas. O fundamento dessa crença é a suposição tácita de que eles têm conhecimentos especiais e que são livres para formar opiniões perfeitamente racionais. Entretanto, é fácil perceber que não existe nenhum grupo social em que tal liberdade prevaleça.

O comportamento em sociedades primitivas um tanto complexas, nas quais existe uma distinção entre diferentes classes sociais, lança uma luz interessante sobre essas condições. Um exemplo é apresentado pelos índios da Colúmbia Britânica, entre os quais é feita uma nítida distinção entre pessoas de nascimento nobre e pessoas comuns. Nesse caso, o comportamento tradicional das duas classes mostra diferenças consideráveis. A tradição social que regula a vida da nobreza é de certa forma análoga à tradição social em nossa sociedade. É muito enfatizada a estrita observância da convenção e a exibição, e ninguém pode manter sua posição na alta sociedade sem uma quantidade adequada de ostentação e sem o estrito respeito à conduta convencional. Essas exigências são tão fundamentais que uma presunção autoritária e um desprezo pelas pessoas comuns se tornam requisitos sociais de um chefe importante. O contraste entre as propriedades sociais para a nobreza e aquelas para as pessoas comuns é muito marcante. Do povo comum espera-se humildade, misericórdia e todas aquelas qualidades que consideramos amáveis e humanas.

Observações semelhantes podem ser feitas em todos aqueles casos em que, por uma tradição complexa, uma classe social é separada da massa do povo. Os chefes das ilhas polinésias, os reis da África, os curandeiros de muitos países, apresentam exemplos em que a linha de conduta e o pensamento de um grupo social são fortemente modificados por sua segregação da massa do povo. Eles formam sociedades fechadas. Em geral, em sociedades desse tipo, a massa do povo considera como seu ideal aquelas ações que devemos caracterizar como humanas; não que de alguma forma todas as suas ações estejam de acordo com uma conduta humana, mas sua avaliação dos homens mostra que os princípios altruístas fundamentais que reconhecemos são também reconhecidos por eles. Não é assim com as classes privilegiadas. No lugar do interesse humano geral, predomina o interesse de classe; e embora não se possa afirmar que sua conduta, individualmente, seja egoísta, ela é sempre tão moldada que o interesse da classe à qual uma pessoa pertence prevalece sobre o interesse da sociedade como um todo. Se for necessário assegurar a hierarquia e melhorar a posição da família matando vários inimigos, não há hesitação em tirar a vida. Se os padrões da classe exigirem que seus membros não desempenhem ocupações subalternas, mas se dediquem à arte ou ao aprendizado, então todos os membros da classe disputarão entre si na obtenção dessas conquistas. É por essa razão que cada classe segregada é muito mais fortemente influenciada por ideias tradicionais especiais do que o restante do povo; não que a multidão seja livre para pensar racionalmente e que seu comportamento não seja determinado pela tradição; mas a tradição não é tão específica, não tão estritamente determinada em seu alcance, como no caso das classes segregadas.

Acredito que essa observação é de grande importância quando tentamos entender as condições em nossa própria sociedade. Sua relação com o problema do significado psicológico do nacionalismo ficará imediatamente evidente, pois a nação é também uma classe segregada, uma sociedade fechada, embora segregada de acordo com outros princípios; e a característica do nacionalismo é que seus padrões sociais são considerados mais fundamentais do que aqueles gerais e humanos, ou melhor, que os membros de cada nação gostam de supor que seus ideais são ou deveriam ser os verdadeiros ideais da humanidade. O falecido presidente Wilson expressou certa vez esse equívoco quando disse que, se nós – americanos – temos ideais para nós mesmos, devemos também considerá-los para os outros, referindo-se, nesse caso, particularmente ao México. Ao mesmo tempo, ilustra claramente que devemos cometer um erro fundamental se confundirmos o egoísmo de classe com o egoísmo individual; pois encontramos os exemplos mais esplêndidos de devoção altruísta aos interesses da nação, heroísmo que tem sido justamente elogiado por milhares de anos como a mais alta virtude, e é difícil perceber que, no entanto, toda a história da humanidade aponta na direção de um ideal humano em oposição a um ideal nacional. E, de fato, não podemos continuar a admirar o autossacrifício de uma grande mente, mesmo que transcendamos a ideais que não eram seus, e que talvez, devido à época e ao lugar em que viveu, não poderiam ser seus?

Nossa observação também tem outra aplicação importante. O desenvolvimento industrial e econômico dos tempos modernos trouxe uma diferenciação em nossa população que nunca foi igualada em nenhuma sociedade primitiva. As ocupações das diversas partes de uma população moderna europeia ou americana diferem enormemente; tanto que, em muitos casos, é quase impossível que as pessoas que falam a mesma língua se entendam quando falam de seu trabalho diário. As ideias com as quais operam o cientista, o artista, o comerciante, o homem de negócios, o operário são tão distintas que têm apenas alguns elementos fundamentais em comum. O matemático, o químico, o biólogo, o médico e o engenheiro são compreendidos apenas por colegas de estudos. Normalmente eles não entendem a terminologia do banqueiro, do contador, do alfaiate, do agricultor, do caçador, do pescador ou do cozinheiro, a menos que suas ocupações os façam familiarizar-se com um ou outro desses ofícios e ocupações. Aqui pode ser observado novamente que aquelas profissões que são intelectualmente ou emocionalmente mais especializadas requerem o mais longo treinamento, e treinamento sempre significa uma infusão de ideias historicamente transmitidas. Mesmo em suas próprias disciplinas, a maioria é fortemente influenciada pelo ensino tradicional. Evidências disso são a ascensão e declínio das escolas de pensamento e tendências nas linhas de pesquisa. Mais importante é o efeito da especialização. O estudo crítico de um ramo da ciência não parece engendrar uma atitude crítica em relação a outros aspectos da cultura. Parece que, em geral, em muitas mentes, a faculdade crítica está confinada a um âmbito muito restrito e que fora dele reina a fé na tradição e a rendição emocional às visões populares. Portanto, não é surpreendente que o pensamento daquilo que chamamos de classes instruídas seja controlado essencialmente por aqueles ideais que nos foram transmitidos pelas gerações passadas. Esses ideais são sempre altamente especializados e incluem as tendências éticas, as inclinações estéticas, a intelectualidade e a expressão da vontade de tempos passados. Após uma educação continuada de acordo com esses padrões, seu controle pode encontrar expressão em um tom dominante que determina todo o modo de pensar e que, pela própria razão de estar enraizado em nossa mentalidade, nunca se eleva em nossa consciência.

Nos casos em que nossa reação é mais consciente, ela é positiva ou negativa. Nossos pensamentos podem ser baseados em uma grande valorização do passado ou podem estar em oposição a ele.

Quando temos isso em mente, podemos compreender as características do comportamento dos intelectuais. É um erro supor que sua mentalidade seja, em média, consideravelmente mais elevada do que a do restante das pessoas. Talvez um número maior de mentes independentes encontre seu caminho neste grupo do que em algum outro grupo de indivíduos que são moderadamente prósperos; mas sua mentalidade média certamente não é de forma alguma superior à dos trabalhadores que, pelas condições de sua juventude, foram compelidos a subsistir do produto de seu trabalho manual. Em ambos os grupos prevalece a mediocridade; indivíduos excepcionalmente fortes e excepcionalmente fracos são as exceções. Por essa razão, a força de caráter e intelecto necessária para um pensamento vigoroso sobre assuntos nos quais sentimentos intensos estão envolvidos não é comumente encontrada entre os intelectuais ou em qualquer outra parte da população. Essa condição, combinada com o rigor com que os intelectuais assimilaram as tradições do passado, torna convencional a maioria deles em todas as nações. Ela tem o efeito de que seus pensamentos são baseados na tradição, e que o alcance de sua visão pode ser limitado.

É claro que há mentes fortes entre os intelectuais que se elevam acima do convencionalismo de sua classe, e alcançam essa liberdade que é a recompensa de uma busca corajosa pela verdade, seja qual for o caminho que ela possa conduzir.

Ao contrário dos intelectuais, as massas em nossas populações urbanas modernas estão menos sujeitas à influência do ensino tradicional. Muitas crianças têm uma frequência escolar tão irregular e estão tão pouco interessadas no trabalho escolar ou saem da escola tão cedo, que esta não consegue deixar uma impressão indelével nas suas mentes, e talvez nunca tenham conhecido a força da influência conservadora de um lar em que pais e filhos vivem uma vida em comum. Quanto mais heterogênea for a sociedade em que vivem, mais os grupos constituintes estarão livres de influências históricas; ou quanto mais representarem diferentes tradições históricas, menos fortemente estarão ligados ao passado.

Isso não exclui a possibilidade da formação de sociedades pequenas, egocêntricas e fechadas, entre os incultos, tais como comunidades locais isoladas, ou gangues que se igualam ao ser humano primitivo na intensidade de seu sentimento de grupo e no desrespeito aos direitos dos de fora. Em razão de sua segregação, eles não pertencem mais às massas.

Seria um exagero se estendêssemos o ponto de vista que acabamos de expressar sobre todos os aspectos da vida humana. Estou falando aqui apenas daqueles conceitos fundamentais de certo e errado que se desenvolvem nas classes segregadas e nas massas. Em uma sociedade em que as crenças são transmitidas com grande intensidade, a impossibilidade de tratar calmamente as opiniões e ações do herege é compartilhada por ambos os grupos. Quando, através do progresso do pensamento científico, os fundamentos da crença dogmática são abalados entre os intelectuais e não entre as massas, encontramos as condições invertidas e maior liberdade das formas tradicionais de pensamento entre os intelectuais – pelo menos na medida em que o dogma atual está envolvido. Seria também um exagero afirmar que as massas podem sentir a forma correta de alcançar a realização de seus ideais, pois esses devem ser encontrados pela experiência dolorosa e pela aplicação do conhecimento. No entanto, nenhuma dessas restrições toca nossa principal alegação; a saber, que os desejos das massas são, num sentido humano, mais abrangentes do que os das classes.

Portanto, não é surpreendente que as massas de uma população da cidade, cujo apego ao passado é comparativamente pequeno, respondam mais rápida e energicamente às demandas urgentes do momento do que as classes instruídas, e que os ideais éticos dos melhores entre eles sejam ideais humanos, não os de uma classe segregada. Por essa razão, eu deveria estar sempre mais inclinado a aceitar, em relação aos problemas humanos fundamentais, o julgamento das massas do que o julgamento dos intelectuais, que é muito mais certo de ser distorcido pelo controle inconsciente das ideias tradicionais. Não quero dizer que o julgamento das massas seria aceitável em relação a todos os problemas da vida humana, porque há muitos que, por sua natureza técnica, estão além de sua compreensão; nem acredito que os detalhes da solução correta de um problema possam sempre ser encontrados pelas massas; mas sinto fortemente que o problema em si, como sentido por elas, e o ideal que querem ver realizado, é um guia mais seguro para nossa conduta do que o ideal do grupo intelectual que está sob a proibição de uma tradição histórica que entorpece seu sentimento em relação às necessidades da atualidade.

Um perigo se esconde na universalidade dessas reações às necessidades humanas. As condições econômicas no mundo civilizado são tão idênticas que, sem apego a uma cultura individualizada, historicamente fundada, uma uniformidade de desejos e níveis culturais pode ser alcançada, o que nos privaria do valioso estímulo resultante da interação de formas culturais distintas. Já a falta de individualidade das cidades de tamanho moderado pesa muito em nossas vidas. A realização de desejos elementares, que são muito semelhantes em todo o mundo, deve encontrar seu contrapeso no desenvolvimento da individualidade na forma e no conteúdo.

Mais uma palavra em relação ao que poderia ser um mal-entendido fatal do quero dizer. Se reclamo a obediência irrefletida aos ideais de nossos antepassados, estou longe de acreditar que algum dia será possível, ou até mesmo desejável, abandonar o passado e começar de novo em uma base puramente intelectual. Aqueles que pensam que isso pode ser realizado não compreendem, creio eu, a natureza humana corretamente. Nossos próprios desejos de mudança são baseados em críticas ao passado, e tomariam outra direção se as condições sob as quais vivemos fossem de natureza diferente. Estamos construindo nossos novos ideais utilizando o trabalho de nossos ancestrais, mesmo onde o condenamos, e assim será no futuro. O que quer que nossa geração possa alcançar, com o tempo alcançará aquele aspecto venerável que acorrentará as mentes de nossos sucessores e exigirá novos esforços para libertar uma geração futura das algemas que estamos forjando. Uma vez que reconhecemos esse processo, devemos ver que é nossa tarefa não apenas nos libertarmos dos preconceitos tradicionais, mas também buscar na herança do passado o que é útil e correto, e nos esforçarmos para libertar a mente das gerações futuras para que elas não se apeguem aos nossos erros, mas estejam prontas para corrigi-los.

Educação (II)

> *Nossa democracia nos dá o direito e nos impõe o dever de nos dedicarmos ao desenvolvimento da liberdade intelectual.*

Uma democracia só pode sobreviver quando os jovens são adequadamente treinados para assumir as responsabilidades do cidadão. Uma democracia fanática pode ser mais intolerante, mais opressiva do que qualquer outra forma de governo. *Seu funcionamento deve ser baseado na liberdade de pensamento do indivíduo.* Uma educação que ensina a sujeição servil aos símbolos não pode ser a base da vida democrática. O objetivo da educação deve ser a preparação de mentes livres, para dar-lhes o poder de examinar criticamente a estrutura social e política de nossas vidas, avaliar o trabalho de nossos concidadãos e permitir que os jovens encontrem seu lugar adequado de atividade em nossa complexa estrutura social.

O próprio fundamento de uma educação democrática é a exigência de que toda criança deve ter a oportunidade de desenvolver o mais plenamente possível os poderes que lhe são conferidos pela natureza. Quão longe estamos de cumprir essa exigência elementar! A criança subnutrida e malvestida das favelas, a criança isolada em um vale remoto, a criança negra no Sul não está em condições de desenvolver livremente os recursos que estão em sua mente e em seu corpo. As comunidades às quais essas crianças pertencem são tão pobres que não podem dar uma ajuda adequada, mesmo se soubessem como fazê-la. Sem ajuda federal, essa situação nunca será remediada. Da mesma forma que as necessidades de um serviço de saúde adequado podem ser supridas sem ajuda federal, nossas necessidades educacionais fundamentais podem ser supridas pelos recursos inadequados das comunidades locais.

Com a crescente complexidade de nossa vida industrial e a frequência de ocupação remunerada de ambos os pais, as tarefas da escola aumentaram de muitas maneiras. Mais do que nunca, é dever da escola não apenas ensinar – isto é, transmitir informações –, mas também educar. Isso requer uma intimidade entre professor e aluno que só pode ser alcançada em turmas pequenas, e exige uma grande elasticidade do programa de ensino, implicando um aumento considerável do orçamento da escola. As necessidades do aluno também demandam ajustes de outras formas. Nem todos estão aptos para atividades puramente acadêmicas, embora plenamente capazes de se tornarem membros competentes de nossa sociedade. Um atendimento adequado às suas necessidades requer o estabelecimento de um ensino especial e diversificado.

A igualdade de oportunidades para todos implica também que a saúde e a nutrição dos jovens sejam adequadamente protegidas, o que significa que deve ser fornecida supervisão médica e, sempre que necessário, alimentação apropriada.

A influência da escola sobre a criança é muitas vezes superestimada. A atitude do grupo social no qual a criança vive exerce um poder maior que cinco dias semanais na escola durante parte do ano. Para ser eficaz, a escola deve ser capaz de cooperar com o grupo familiar. Daí a necessidade de cooperação real com os pais e, particularmente, também a necessidade da educação de adultos. O adulto deve estar familiarizado com os objetivos da escola e precisa de informações que, em muitos casos, ele não foi capaz de adquirir na juventude. A longo prazo, as crenças e os preconceitos do grupo social são mais fortes do que a influência da escola. É, portanto, indispensável desenvolver a harmonia entre a escola e os lares.

Se quisermos defender nossos ideais democráticos de forma eficaz, devemos acabar com a restrição mesquinha dos recursos destinados às escolas. Devemos acabar com o medo tímido que protegeria os jovens contra o conhecimento de ideias conflitantes; devemos acabar com o culto irrefletido aos símbolos. A devoção emocional aos ideais não deve ser reprimida, mas controlada por um pensamento crítico e saudável. Se conseguirmos educar uma geração dedicada a esses princípios, teremos vencido o inimigo interno da democracia que ameaça nossa liberdade concentrando seu pensamento na eficiência militar e industrial sem pensar nas pessoas que são a vida e a substância do Estado – que, sem elas, é uma concha vazia.

Educação (III)

*Devemos confiar na educação para nos
ajudar a manter a liberdade intelectual.*

    Nosso sistema educacional se baseia na teoria de que deve haver oportunidades educacionais iguais para toda criança, independentemente da posição econômica dos pais. É sabido que as escolas públicas, com livros didáticos gratuitos, fornecidos por nossos Estados, não preenchem, de forma alguma, esse requisito mais elementar de uma sociedade democrática. As mesmas condições para todas as crianças não podem ser inteiramente produzidas, porque os professores diferem em sua capacidade de transmitir conhecimento e de construir caráter e, o que é ainda mais importante, nem todos os pais podem ou irão dispensar igual cuidado ao desenvolvimento de seus filhos. Essa desigualdade sempre existirá. Em parte, isso pode ser superado colocando as crianças em internatos, mas pode-se esperar que isso nunca seja tentado, porque toda a experiência mostra que essas instituições são um substituto pobre para o cuidado dos pais e não favorecem o desenvolvimento físico, intelectual e moral das crianças. Não obstante as dificuldades que possam parecer estar no caminho, o Estado deve proporcionar oportunidades educacionais iguais, sempre que for possível.

Sendo as condições o que são, os filhos dos pobres são gravemente prejudicados em seu rendimento escolar. O tempo insuficiente em casa para estudar por causa da necessidade de ajudar nas tarefas domésticas ocorre em muitas famílias de recursos moderados. Entre os pobres isso é agravado pela necessidade de emprego precoce em ocupações remuneradas, pela desnutrição e pela falta de roupas adequadas. Quando uma família em situação precária pode provar a necessidade de renda adicional, a lei permite a emissão de carteira de trabalho para uma criança que atingiu uma certa etapa educacional e uma certa idade. Para que haja igualdade de oportunidades, essas crianças devem ter a possibilidade de continuar seus estudos escolares. Isso só pode ser conseguido se a sociedade fornecer a renda que a criança ganharia. Um primeiro passo na extensão da oportunidade educacional deveria ser, portanto, a revogação de todas as leis que permitem a emissão de carteiras de trabalho e a substituição em seu lugar por leis que concedam a manutenção integral àquelas crianças que agora estão autorizadas a tirar carteira de trabalho, e uma compensação adicional que pagará pelo quarto que elas ocupam em casa.

Isso, no entanto, é apenas um pequeno começo. Os filhos dos pobres são fisicamente incapazes de competir com os filhos dos abastados. Deveria, portanto, ser nosso esforço superar essa grave desvantagem. Em outras palavras, o mínimo de oportunidade, que consiste agora no estabelecimento de escolas públicas e no fornecimento de livros didáticos gratuitos, é insuficiente. Devemos cuidar para que todas as crianças recebam tal manutenção, tal uniforme e tal moradia de modo que possam usar sua infância de maneira eficaz para o estudo. Isso implica a introdução de merenda escolar gratuita, de uniformes gratuitos e de apoio para uma moradia digna.

O habitual clamor de que isso significa a pauperização dos pais não tem nenhuma relação com essa questão contanto que consideremos a igualdade de oportunidades educacionais como a base de uma democracia. Além disso, a assunção de novos deveres por parte da sociedade como um todo em nenhum sentido empobrece seus membros. Pelo contrário, é um passo na direção de uma cooperação saudável.

A reorganização de um sistema escolar nessa base não deve implicar uma perda de oportunidades para aqueles que hoje podem frequentar escolas particulares caras. Deve ser, ao contrário, um estímulo para elevar todas as escolas aos mais altos padrões. Isso implicaria turmas menores, mais e melhores professores. Melhores professores significariam também professores com melhores salários.

Um programa de justiça para as crianças requer, portanto, gastos excessivamente grandes; na verdade, tão grandes que os impostos comuns dificilmente o cobririam.

O problema, entretanto, deve ser visto de um ponto de vista mais amplo. Se o programa fosse realizado de forma consistente, a sociedade como um todo proporcionaria inteiramente a preparação da criança para a vida. A criança não seria, de forma alguma, um fardo econômico para a família. Se a educação fosse levada tão a sério que a criança pudesse se manter economicamente, uma das razões fundamentais para a transferência de propriedade por herança desapareceria. Se ao mesmo tempo se desenvolvesse uma proteção satisfatória contra a incapacidade de se conseguir remuneração devido à doença, velhice e desemprego involuntário, toda a razão para a transferência de herança para indivíduos desapareceria, exceto no que diz respeito a objetos de valor puramente sentimental. Parece, portanto, lógico que os recursos para a reorganização das escolas deveriam ser obtidos a partir dos impostos sucessórios.

Os problemas educacionais e financeiros apresentam ainda outro aspecto importante. Estamos inteiramente acostumados a considerar a escolaridade como um direito e a esquecer que os serviços prestados pela sociedade ao indivíduo implicam também deveres do indivíduo para com a sociedade. Uma parte desse dever é o uso diligente das oportunidades oferecidas em um esforço para se tornar um membro útil da sociedade. Podemos, portanto, insistir que o jovem que se beneficia das vantagens de uma educação prologada que o habilita para a vida deve contribuir com algum tipo de trabalho produtivo para a manutenção do sistema educacional. Essa proposta é fundada em considerações educacionais. Suas vantagens econômicas para a escola são apenas secundárias. Mesmo que o trabalho econômico do jovem não seja de benefício direto para o sistema educacional, mas útil de alguma outra forma, ele deveria ser exigido, e sua organização detalhada deveria ser baseada principalmente em considerações educacionais e não financeiras. O trabalho na lavoura, em vários ofícios, o trabalho doméstico – todos eles podem ser organizados de modo que tenham alto valor educacional como treinamento manual, bem como o propósito de despertar o senso de obrigação para com a sociedade. O sentimento de interdependência de todos os elementos componentes da sociedade e a compreensão inteligente da solidariedade de interesses sociais serão desenvolvidos quando o estudante entender que as oportunidades educacionais de que ele usufrui são possibilitadas pelas suas próprias contribuições para sua manutenção. Ao mesmo tempo, os recursos disponibilizados pelo trabalho dos alunos diminuirão materialmente as dificuldades financeiras que impedem o estabelecimento de um sistema educacional equitativo e eficiente.

O trabalho manual e econômico na escola é um aspecto importante de sua organização. Por outro lado, não devemos esquecer que as condições de trabalho tendem rapidamente a reduzir as horas dedicadas ao trabalho industrial e que o tempo disponível para a recreação aumenta constantemente. Não se espera mais que o trabalhador trabalhe 10 ou 12 horas por dia e volte para sua casa à noite completamente exausto e incapaz de aproveitar as poucas horas que lhe restam. Em vez disso, estamos nos esforçando para reduzir o tempo de trabalho árduo a uma quantidade compatível com a possibilidade de desfrutar da vida. Nessas condições, a escola deve preparar o indivíduo não apenas para o trabalho prático, mas também para um uso sensato do tempo de recreação. Quanto mais tempo for disponível para esse fim, mais importante será que esse ponto de vista seja levado em conta na organização do ensino.

Tal escola, com um corpo de professores que dispõem de perfeita liberdade intelectual e consideram a educação dos jovens como uma missão de vida, não como uma profissão passageira, com uma posição honorável que atrairia tanto homens quanto mulheres, contribuiria muito para o estabelecimento da sociedade em uma base sólida.

Universidade pública

*É necessária uma nova liberdade não apenas
para ensinar, mas também para aprender.*

A criação de nossas universidades e de institutos dedicados à ciência e à arte se deve quase inteiramente à generosidade de indivíduos que apreciaram a importância do avanço científico e artístico e que doaram ou legaram grandes recursos para esses fins. Somente muito mais tarde essas instituições foram complementadas por outras mantidas por recursos públicos. Assim, acontece que quase todo o desenvolvimento do ensino superior e do trabalho científico está nas mãos dos diretores, cuja função principal é a administração dos recursos pelos quais essas instituições são mantidas. É natural que os diretores de cada estabelecimento dediquem reflexão e energia ao que consideram melhor para o trabalho específico de sua responsabilidade, e que a coordenação de várias instituições e os interesses mais amplos da educação recebam pouca consideração. As condições gerais do trabalho científico demonstram claramente os efeitos dessa falta de sistematização. A duplicação de trabalho e as amplas lacunas na organização do empreendimento científico são a regra. Os interesses pessoais de benfeitores ricos, ou a apresentação enérgica das reivindicações de certos conteúdos por representantes competentes, determinam o desenvolvimento dos vários ramos do conhecimento. Uma ponderação cuidadosa das reivindicações daqueles conteúdos que são importantes, mas que não atraem atenção particular do público, ou que estão ainda na fase embrionária de seu desenvolvimento, é quase impossível. É impressionante, por exemplo, que, com a grande importância de um conhecimento mais íntimo da Ásia oriental, ainda não tenha sido feito nenhum esforço sério para desenvolver um centro no qual os temas pertinentes a esse campo possam ser estudados. É bastante claro que o estabelecimento casual de uma única cátedra, ou o desenvolvimento de acervos do leste asiático em um único museu, não pode resolver esse problema, mas que esforços sistemáticos devem ser feitos para atrair jovens competentes para esse tipo de trabalho, e que será necessário o desenvolvimento paciente de uma instituição planejada em larga escala. As condições são semelhantes no que diz respeito ao nosso conhecimento dos povos eslavos da Europa. No domínio da ciência, os temas mais abstratos, que têm pouca relação com questões práticas, encontram dificuldade em receber a atenção adequada.

É também devido a esse fator que temos tantos casos de início entusiástico de pesquisa em alguma linha de investigação científica, seguido de descontinuação assim que os resultados mais expressivos forem alcançados. Não se realiza habitualmente trabalho exaustivo permanente, a menos que existam institutos fundados com um único objetivo específico; institutos como, por exemplo, as filiais da Smithsonian Institution, as da Carnegie Institution, observatórios astronômicos e estações biológicas.

Um estudo da situação em todo o campo mostra claramente que condições intoleráveis resultam da atual falta de coordenação das Agências Científicas e dos Institutos dedicados ao ensino superior e do total abandono desses interesses a conselhos de administração isolados. Por melhor que tais conselhos possam ser, eles devem necessariamente moldar seu programa de acordo com as condições dos Institutos sob sua responsabilidade, não tendo em vista as necessidades da nação. Parece indispensável conceber algum método pelo qual os institutos particulares possam servir toda a comunidade.

Não se deve esquecer que esses institutos privados cumprem funções de vital interesse para a nação. Se, portanto, a existência de um grande número de conselhos de administração independentes leva a um desempenho inadequado de suas funções, o público tem o direito de buscar uma solução para tais condições insatisfatórias. A posição é um pouco análoga à das empresas públicas, cujas atividades também precisam de controle, e são controladas de acordo com as exigências da vida pública.

Com efeito, os conselhos de administração não apenas administram os recursos privados deixados a seu cargo, como também recebem assistência dos recursos públicos sob a forma de remissão de impostos ou de dotações de recursos públicos, que são colocados à sua disposição e gastos sem o correspondente controle público.

As tentativas que têm sido feitas para contribuir com a solução desse problema através da criação de uma Associação de Museus e de uma Associação de Universidades são bastante inadequadas. Esses órgãos não têm o poder de decidir as políticas das instituições particulares.

É desnecessário dizer que a coordenação aqui preconizada não deve consistir em uma padronização do ensino superior sob controle estatal. A liberdade da instituição particular, bem como a do professor particular, é uma condição essencial para um trabalho sólido e deve ser ciosamente guardada. Embora seja necessário um procedimento ordenado no desenvolvimento do ensino, os métodos e ideais do professor devem ser livres. Os ideais de educação controlados pelo Estado são talvez ainda menos suportáveis do que o controle pela opinião pública atual, como expresso no ponto de vista dos conselhos de administração.

Não menos importante para a nação do que o planejamento geral do trabalho dessas instituições é a política administrativa geral por elas praticada. Sobrevive ainda desde os primeiros tempos a ideia de que todo o seu trabalho é feito a gosto dos administradores. A seleção do exercício da atividade dentro dos limites da competência depende dos administradores. Ao mesmo tempo, as forças da instituição podem ser dedicadas ao avanço do aprendizado; em outro momento, podem ser direcionadas ao desenvolvimento da instrução pública elementar. Existe o perigo constante de descontinuidade da política, devido em grande parte às relações peculiares entre os administradores e o funcionário administrativo encarregado da instituição, que é nomeado pelo conselho de administradores e cuja opinião pessoal é, portanto, susceptível de determinar o trabalho de todo o estabelecimento. Aqueles que estão familiarizados com o trabalho das instituições americanas de ensino lembrarão prontamente de numerosos casos de mudanças completas de política que foram muito prejudiciais ao desenvolvimento da atividade científica.

Intimamente ligada a essa condição está a insegurança de permanência dos membros do quadro de servidores. Mudanças aleatórias de política podem levar a conflitos e a interferências indesejáveis na liberdade de ação que é indispensável para quem busca a verdade. De acordo com os estatutos da maioria dos institutos e universidades, os servidores podem ser nomeados e destituídos pelos administradores de acordo com sua vontade.

O desenvolvimento do nosso sistema de ensino público mostra claramente que esse princípio de administração não está em conformidade com os melhores interesses da comunidade. Nos Estados em que a administração educacional avançou para níveis mais elevados, foram aprovadas leis que asseguram a permanência dos professores no sistema público de ensino, de modo que eles não podem ser demitidos sem que sejam feitas as devidas investigações sobre tais acusações. Se quisermos desenvolver um corpo de pesquisadores e professores de alto nível, é absolutamente necessário que o poder de destituição arbitrária exercido pelos administradores seja eliminado. De fato, existe uma peculiar contradição nas condições modernas, em que professores universitários e servidores de museus ocupam o cargo a gosto dos administradores, mas ao mesmo tempo têm direito a uma aposentadoria ao atingir um determinado limite de idade. É verdade que se deve ter muito cuidado em proteger os cargos científicos contra o acúmulo de pessoas incapazes de desempenhar adequadamente suas funções, mas é preciso tomar as devidas precauções antes de se fazer as nomeações permanentes. Após tais nomeações, a maior segurança possível de permanência no cargo é indispensável para o desenvolvimento de um quadro de pessoas que desempenhem as altas funções que se espera delas. O efeito mais grave da sujeição do pesquisador ou professor ao agrado dos administradores é a criação de uma atmosfera insalubre na vida das instituições científicas. Consciente ou inconscientemente, isso suscita dúvidas constantes na mente dos administradores se suas atividades, seus resultados de pesquisas ou o campo de seu trabalho poderão estar de acordo com o conselho diretor – uma atitude mental que é fundamentalmente oposta ao desenvolvimento de um verdadeiro espírito científico e àquela firme independência de pensamento que é o primeiro requisito do verdadeiro cientista e do professor que deve incutir na mente de seus alunos seu entusiasmo pela busca da verdade.

O sentimento geral de incerteza gerado pela dependência dos servidores da boa vontade dos administradores tem um efeito retardador sobre o pensamento científico saudável, mesmo quando não se tenta uma interferência real. É um fato inegável, no entanto, que em várias instituições foram realizadas investigações pelos conselhos de administração, para averiguar a ortodoxia das conclusões alcançadas pelo pesquisador ou das matérias ensinadas – investigações que, em certos casos, levaram à demissão dos servidores.

Foram necessários muitos anos para que as ciências naturais obtivessem total liberdade de pesquisa, independentemente de quaisquer conflitos que pudessem surgir entre suas pesquisas e as opiniões atuais da época. No momento, ninguém defenderia uma política pela qual o pesquisador em ciência pura fosse impedido de levar adiante suas pesquisas, seja lá onde quer que elas conduzissem, e de aplicar o resultado de suas pesquisas na vida pública. Não é assim, porém, com as ciências que lidam com as atividades mentais do indivíduo e da sociedade. Não é reconhecida a liberdade do pesquisador de realizar suas pesquisas sem levar em conta a opinião atual e de aplicar seus resultados na vida pública. O problema é o mesmo que enfrentou a ciência em tempos anteriores, quando foram levantadas as mesmas objeções à liberdade de pesquisa científica no domínio das ciências naturais que agora se colocam no caminho do pesquisador que lida com as atividades da humanidade.

Podemos então perguntar por quais métodos as dificuldades atuais devem ser superadas. Os interesses da ciência e da educação exigem que os dirigentes das instituições científicas sejam colocados de tal forma que nenhuma consideração de dependência dos órgãos de governo restrinja sua liberdade de pensamento e expressão. Qualquer controle que possa ser necessário para proteger as instituições dos caprichos de indivíduos irresponsáveis deve ser exercido, não por disciplina de um órgão de nomeação, mas por procedimentos de caráter judicial, conduzidos pelos dirigentes.

Os importantes problemas decorrentes do isolamento das instituições não podem ser superados apenas com a cooperação voluntária de diferentes conselhos de administração. É verdade que os problemas financeiros de grande magnitude estão envolvidos na organização nacional do trabalho científico, mas de magnitude ainda maior são os problemas científicos envolvidos. Parece, portanto, que uma solução viável estaria no estabelecimento, por um lado, de uma organização central, na qual deveriam estar representados os interesses financeiros das instituições habilitadas, para a solução dos problemas financeiros; por outro lado, de uma comissão técnica composta por representantes dos diversos ramos da ciência, para a resolução dos problemas científicos. Além disso, precisamos de uma legislação que defina em uma nova base os direitos dos administradores das instituições credenciadas e de pessoas que as conduzem.

Uma vez que tal política tenha sido inaugurada, essas instituições, cujos administradores, por seus estatutos, gozam de maiores privilégios, serão obrigados pelo desenrolar dos acontecimentos a moldar seu percurso de acordo com isso e a aceitar aquelas limitações que o avanço de nossas condições sociais exige.

O papel do cientista na sociedade democrática

Liberdade acadêmica significa liberdade de pesquisa, liberdade de opinião e liberdade de ação do professor como cidadão.

A organização dos pesquisadores da ciência é um dos indicadores de nossa consciência de que os cientistas não podem mais atuar longe dos problemas sociais de nosso tempo, que é necessário tanto para o bem comum quanto para o interesse da ciência que nos conscientizemos mais profundamente do impacto da descoberta científica sobre nossa estrutura social e da influência da vida social sobre o progresso da ciência.

Formulamos nosso problema, geralmente, sob o termo da estreita relação entre democracia e liberdade intelectual.

Democracia é um termo vago e devemos ser claros quanto ao que queremos dizer. Seria um erro afirmar que toda forma de democracia garante a liberdade intelectual. É igualmente falso que uma monarquia absoluta, um feudalismo ou qualquer forma de oligarquia impeça o trabalho científico. Na Rússia czarista, na Alemanha antes da introdução do governo constitucional, nas repúblicas aristocráticas da Itália, a ciência e a arte floresceram sob o patrocínio dos órgãos governamentais. Elas floresceram na medida em que não se opuseram à classe governante, e como a ciência em geral não tratava extensivamente dos problemas políticos ou sociais, os órgãos do governo não estavam particularmente interessados em seu controle. O período que antecedeu a Revolução Francesa e, novamente, o longo período de reação após as Guerras Napoleônicas apresentam outro quadro – a repressão da liberdade, não apenas na ciência, mas em todas as formas de vida pública.

Por outro lado, a democracia política não é garantia de liberdade intelectual. A estreiteza dos primeiros colonos da Nova Inglaterra, as políticas restritivas de alguns de nossos Estados em nosso próprio tempo são lembretes contundentes de que a democracia política por si só não é proteção da liberdade intelectual. Uma democracia intolerante pode ser tão hostil à liberdade intelectual quanto o Estado totalitário moderno que lança todo o pensamento em um leito de Procusto. Em ambas as formas, tenta-se submeter rigidamente o pensamento individual aos padrões aceitos em um caso por uma maioria ou uma minoria dominante, noutro caso aos caprichos dos governantes. Os Estados totalitários são mais bem-sucedidos em impor seus padrões pela opressão e pelo terror.

A democracia intolerante, embora não tão poderosa quanto a máquina totalitária, não é menos perigosa para a liberdade intelectual. É bom ter em mente a diferença fundamental entre esses tipos de controle e a relativa liberdade que a ciência e a arte podem usufruir em Estados monárquicos, aristocráticos ou plutocráticos, pois ela nos mostra claramente os objetivos para os quais devemos lutar.

Se falamos de democracia, queremos dizer aquela em que as liberdades civis foram alcançadas, onde não apenas o pensamento é livre, mas onde cada um tem o direito de expressar suas opiniões, onde a censura é evitada, onde as ações do indivíduo não são restringidas desde que não interfiram na liberdade e no bem-estar de seus concidadãos. Afirmamos que somente em tal sociedade pode ser alcançada a mais plena liberdade intelectual.

Nesse momento, nos unimos para agir porque somos estimulados pela consciência de que tal liberdade, como acabo de descrever, ainda não foi plenamente alcançada. O ideal está incorporado em nossa Constituição e na Declaração de Direitos, mas continua sendo um ideal.

Como as pessoas são a fonte da autoridade, é essencial que elas sejam capazes de pensar claramente e que toda forma de fanatismo, toda forma de presunção que pressupõe ter encontrado o único caminho certo, seja combatida. Portanto, é nosso dever zelar para que as massas de nosso povo possam, na medida do possível, formar julgamentos deliberados, que sejam educadas para resistir aos apelos dos demagogos, das palavras de ordem e dos *slogans*. Em outras palavras, devemos contar com a educação para que nos ajude a manter a liberdade intelectual.

Se falo das massas populares, não me refiro àqueles que estão em posição desfavorável. Refiro-me a todos, inclusive os cientistas. Podemos dizer conscientemente que os cientistas não são influenciados por demagogos, palavras de ordem e *slogans?* Não é bem verdade que muitos de nós, que podemos ser pensadores claros em nossos próprios campos, somos tão pouco versados em assuntos públicos, tão confinados em nosso campo restrito, que somos influenciados por apelos apaixonados a ideais ultrapassados ou a um interesse egoísta que vai contra o interesse do povo. Portanto, quando falamos da necessidade de educação, não nos esqueçamos de que temos de nos educar. O emocionalismo descontrolado é o maior inimigo da liberdade intelectual. Educar as pessoas para ideais racionais sem destruir sua vida emocional é uma das grandes e difíceis tarefas do nosso tempo.

Podemos nos perguntar até que ponto a própria ciência alcançou essa liberdade que exigimos para o povo. O cientista é pelo menos livre para seguir seu trabalho sem entraves por circunstâncias externas?

Para compreender nossas condições, temos que considerar o desenvolvimento histórico de nossas instituições científicas. A necessidade de conhecimento humanístico e científico foi sentida desde cedo e dificilmente há outro país em que tanto tenha sido feito por indivíduos liberais para o estabelecimento de instituições científicas. Desde os primeiros tempos, o número daqueles que voluntariamente doaram tempo e dinheiro para o desenvolvimento do trabalho científico é enorme. Sempre que instituições foram fundadas para esse fim, a administração das doações foi colocada nas mãos de administradores em cujo julgamento e clarividência o doador confiava. Pela natureza do caso, a maioria destes eram pessoas cujos interesses estavam distantes dos principais objetivos da Fundação e que trouxeram até ela sua experiência como pessoas de negócios. Os negócios eram e ainda são em grande parte controlados por um único chefe, cujas ordens são executadas por seus colaboradores. É somente nos tempos mais recentes que, pelo menos na indústria, os funcionários têm, em certa medida, influência sobre alguns aspectos da conduta da organização. Portanto, é natural que, ao contrário das universidades medievais, que eram associações de estudiosos, nossas instituições modernas assumissem em grande parte o tom das empresas de empreendimentos comerciais em que os gestores contratavam e demitiam seus colaboradores. O costume de contratos de um ano para cientistas e professores é um dos maus resultados dessa tendência que é histórica e facilmente inteligível, mas muito indesejável para o desenvolvimento de estudos sólidos. Decorre também desse tipo de organização que as políticas da instituição são ditadas pelos administradores, não pelo corpo de professores ou cientistas. Uma mudança nos interesses dos administradores poderá perturbar toda a política da instituição e paralisar o trabalho dos professores e pesquisadores.

Seríamos ingratos se insistíssemos nas dificuldades que resultaram da criação de instituições por iniciativa pessoal de benfeitores ricos. O avanço da ciência se deve, em grande parte, à sua previsão e liberalidade, o que nos tornaria ingratos se declinássemos os grandes serviços que eles prestaram e que estão prestando. Nossa gratidão, no entanto, não deve nos impedir de apontar as dificuldades a que esse sistema tem conduzido e de buscar soluções. A escolha do tipo de trabalho científico ou educacional dependendo dos interesses dos indivíduos não pode ser sistemática, de modo que facilmente acontece que certos ramos do conhecimento sejam sobrecarregados, outros negligenciados. Mais importante que isso é a mudança de interesses do quadro de colaboradores que não são propriamente profissionais da área que controlam, muitas vezes não familiarizados com os detalhes do trabalho. Devido a isso, parece que talvez não haja outro país em que existam tantas iniciativas brilhantes de trabalho científico que de repente param e ficam fragmentados. Um desenvolvimento saudável da ciência requer uma participação mais plena do quadro de colaboradores nas políticas fundamentais das instituições do que aquela de que eles atualmente desfrutam.

Acredito que podemos olhar com algum grau de satisfação para as muitas tentativas que foram feitas para aliviar as dificuldades que acabamos de descrever. As faculdades das universidades têm graus variados de liberdade de acordo com o caráter das instituições e a sabedoria dos administradores e do diretor, mas é necessário um grau muito maior de liberdade. Antes de tudo, ainda não alcançamos essa certeza de que todo membro de uma faculdade deve ter absoluta liberdade intelectual. Não quero citar exemplos, mas há casos em que os membros de uma faculdade são intimidados, até mesmo aterrorizados, a tal ponto que suas afirmações públicas são extremamente cautelosas – se é que ousam expressar suas convicções. O progresso também é indicado no trabalho dos diversos núcleos de pesquisa que, embora dependentes da boa vontade dos benfeitores, estão em condições de obter uma continuidade de esforços maior do que seria possível de outra forma.

Há muito a ser feito. O cientista precisa se tornar mais consciente de seus deveres; devemos ampliar o campo da educação de modo a superar a intolerância; embora agradecidos aos benfeitores que estabeleceram instituições científicas, devemos insistir em uma participação mais próxima do quadro de cientistas nas formulações das políticas de trabalho.

Os textos deste livro foram publicados originalmente nas seguintes referências:

A atitude mental das classes instruídas
"The Dial", 5 de setembro de 1918. In: BOAS, Franz. *Race and Democratic Society*. New York: J.J. Augustin Publisher, 1945, pp. 134-140.

Avanços nos métodos de ensino
"Discussion before the New York meeting of the American Naturalists and Affiliated Societies" (Dez. 1898). [Publicado pela primeira vez em *Science*, NS., v. 9, pp. 93-96, 1899.] In: BOAS, Franz. *Race, Language and Culture*. New York, The Macmillan Company, 1940, pp. 621-625.

Liberdade intelectual
"Democracy and Intellectual Freedom". Palestra proferida em uma conferência fomentada pelo Comitê de Aniversário da Lincoln para a Democracia e a Liberdade Intelectual, realizada no Waldorf Astoria Hotel, em Nova York, em 12 de fevereiro de 1939. Esta palestra foi transmitida pela estação WHN. [Publicado pela primeira vez em *The American Teacher*, março de 1939.] In: BOAS, Franz. *Race and Democratic Society*. New York: J.J. Augustin Publisher, 1945, pp. 175-177.

Liberdade de pensamento
Palestra inaugural à aula de Antropologia do Barnard College, novembro de 1917. In: BOAS, Franz. *Race and Democratic Society*. New York: J.J. Augustin Publisher, 1945, pp. 178-184.

Liberdade acadêmica
"Freedom Defined". [Publicado pela primeira vez em *The New York Teacher*, junho de 1941.] In: BOAS, Franz. *Race and Democratic Society*. New York: J.J. Augustin Publisher, 1945, pp. 185-188.

Liberdade para a escola
"Freedom Defined". [Publicado pela primeira vez em *The New York Teacher*, junho de 1941.] In: BOAS, Franz. *Race and Democratic Society*. New York: J.J. Augustin Publisher, 1945, pp. 196-198.

Liberdade no ensino
Condensado de *The American Teacher*, setembro de 1939. In: BOAS, Franz. *Race and Democratic Society*. New York: J.J. Augustin Publisher, 1945, pp. 199-203.

A universidade: liberdade para ensinar
"Freedom to Teach". [Publicado pela primeira vez em *The Nation*, v. 108, n. 2794, 18 de janeiro de 1919.] In: BOAS, Franz. *Race and Democratic Society*. New York: J.J. Augustin Publisher, 1945, pp. 204-208. .

Educação (I)
"Education". In: BOAS, Franz. *Anthropology and Modern Life*. New York: The Norton Library, 1962, cap. VIII, pp. 168-202.

Educação (II)
Exposição em um Simpósio sobre Educação. [Publicado originalmente em *Friday*, v. I, n. 26, 6 de setembro de 1940.] In: BOAS, Franz. *Race and Democratic Society*. New York: J.J. Augustin Publisher, 1945, pp. 189-191.

Educação (III)
"Program for Equal Education Opportunity". [Publicado pela primeira vez em *Call Magazine*, 7 de dezembro de 1919.] In: BOAS, Franz. *Race and Democratic Society*. New York: J.J. Augustin Publisher, 1945, pp. 192-195.

Universidade pública
"Scientific Progress and University Government". [Publicado pela primeira vez em *The Nation*, 4 de maio de 1918, v. 106, p. 539.] In: BOAS, Franz. *Race and Democratic Society*. New York: J.J. Augustin Publisher, 1945, pp. 209-214.

O papel do cientista na sociedade democrática
Palestra proferida em uma conferência do Comitê da Associação Americana de Pesquisadores Científicos de Nova York, 10 de março de 1939. In: BOAS, Franz. *Race and Democratic Society*. New York: J.J. Augustin Publisher, 1945, pp. 215-219.

Bibliografia

BOAS, Franz. *A mente do ser humano primitivo*. Trad. José Carlos Pereira. Vozes: Petrópolis, 2011.

_____. *Anthropology and Modern Life*. The New York: The Norton Library, 1962, cap. VIII, pp. 168-202.

_____. *Race, Language and Culture*. New York: The Macmillan Company, 1940.

_____. "As funções educativas dos museus antropológicos" (1905). In: STOCKING, Jr., G. W. (org.). *A formação da antropologia americana – 1883-1911*. Rio de Janeiro: Contraponto/UFRJ, 2004, pp. 357-360.

_____. "Liberdade para ensinar" (1945). In: STOCKING, Jr., G. W. e BOAS, F. (orgs.). *A formação da antropologia americana – 1883-1911*. Rio de Janeiro: Contraponto/UFRJ, 2004, pp. 401-405.

_____. *Race and Democratic Society*. New York: J.J. Augustin Publisher, 1945.

O autor

Franz Uri Boas nasceu em Minden, Alemanha, em 1858 e faleceu em Nova York em 1942. É considerado o "pai" da Antropologia americana e referência básica em Antropologia Cultural. Influenciou muitos pesquisadores, dentre eles, Ruth Benedict, Ruth Bunzel, Margaret Mead, Alfred L. Kroeber, Edward Sapir, Robert Lewie e o sociólogo brasileiro Gilberto Freyre. Sua primeira formação foi em Geografia, Física e Matemática. O encanto pela Antropologia só se deu após uma expedição geográfica ao norte do Canadá, mais especificamente a ilha de Baffin, entre os anos de 1883-1884, com a finalidade de estudar os efeitos de características geográficas sobre a cultura dos esquimós. Foi nesse contato prolongado com esse povo que seu interesse por estudar culturas se intensificou. Sua tese sobre a cultura dos esquimós rendeu-lhe o título de livre-docente em Geografia. Movido pelo interesse em Antropologia Cultural, fez uma expedição etnográfica à Colúmbia Britânica, em 1886, para estudar os nativos da Costa Noroeste, em especial o povo kwakiutl, que, posteriormente, tornou-se alvo sistemático de suas pesquisas. Migrou para os Estados Unidos, onde, em 1887, se naturalizou norte-americano. Foi professor na Universidade de Clark, Worcester, onde também chefiou o recém-criado departamento de Antropologia, vindo a renunciar de seu posto em 1892 alegando violação da liberdade acadêmica. Foi curador do Museu Field, de Antropologia, em Chicago, e professor de Antropologia Física na Universidade de Colúmbia (1899- 1942), onde permaneceu até o fim de sua carreira. Nessa última universidade, além de professor e pesquisador, criou o primeiro Doutorado em Antropologia dos EUA.

O tradutor

José Carlos Pereira é professor com pós-doutorado em Antropologia Social, doutorado em Sociologia, mestrado em Ciência da Religião, bacharelado em Teologia e licenciatura plena em Filosofia. É autor de mais de 90 livros, em diversas áreas, publicados no Brasil e no exterior, além de algumas traduções de Franz Boas. Faz parte do Núcleo de Estudos Religião e Sociedade, do Programa de pós-graduação em Ciências Sociais da PUC/SP.

GRÁFICA PAYM
Tel. [11] 4392-3344
paym@graficapaym.com.br